GLAS

AUKTIONSPREISE

Trödler & SAMMELN

GLAS
AUKTIONSPREISE

Nina Schreiner
Co-Autorin:
Christa Rutzmoser

IMPRESSUM

Battenberg Verlag, Augsburg, © 1997 Weltbild Verlag GmbH, Augsburg
Gemi Verlags GmbH, Reichertshausen

LITHOS, SATZ, HERSTELLUNG   Markus Westner, Grafischer Betrieb
GRAFISCHES GESAMTKONZEPT   creARTive Maria Braun, Werbeagentur
DRUCK UND BINDUNG   New Interlitho, Mailand

Gedruckt auf 100 g/m² umweltfreundlich chlorfrei gebleichtem Papier
Printed in Italy

Die Deutsche Bibliothek – CIP-Einheitsaufnahme
Glas: Auktionspreise/Nina Schreiner. – Augsburg: Battenberg, 1997
(Trödler & Sammeln)
ISBN 3-89441-362-X

Nachstehenden Auktionshäusern, die uns freundlicherweise Katalog- und
Fotomaterial zur Verfügung gestellt haben, möchten wir für Ihre Kooperation
unseren Dank sagen:

Auktionshaus Bergmann, Erlangen
Auktionshaus Michael Zeller, Lindau
Auktionshaus Rainer Dannenberg, Berlin
Dorotheum, Wien
Dr. Fischer, Heilbronner Kunst- und Auktionshaus, Heilbronn
Hampel Kunstauktionen, München
Ketterer Kunst, München
Kunstauktionen Metz, Heidelberg
Kunstauktionshaus Martin Wendl, Rudolstadt
Kunstauktionshaus Schloß Ahlden, Ahlden
Sigalas Kunst-und Auktionshaus, Hildrizhausen
Stuttgarter Kunstauktionshaus Dr. Nagel, Stuttgart
Wiener Kunstauktionen, Wien

Titelfoto

Rückseite

POLLIO PERELDA-VASE
Fratelli Toso, Murano, 1957
Dr. Fischer, Heilbronn

KARAFFE/PAAR GLÄSER/DECKELDOSE/TINTENZEUG
René Lalique, um 1920 bis 1930
Ketterer, München

....

....

DM 26.000,–

DM 1380,–/DM 460,–/DM 460,–/DM 5635,–

KATALOGTEIL

INHALTSVERZEICHNIS

Das vorliegende Buch soll gleichermaßen dem Laien wie auch dem Fachmann eine Übersicht über die aktuellen Marktpreise von Glas, wie es auf Antik- und Trödelmärkten angeboten wird, geben.

Zu diesem Zweck sind an die 1000 Objekte unterschiedlichster Art abgebildet, kurz beschrieben und bewertet. Die Preisspanne reicht dabei von Glas, das für wenig Geld zu erwerben ist, bis zu Spitzenstücken, deren Preise im fünfstelligen Bereich liegen. Da es sich bei der Glaskunst um einen sehr weiten und komplexen Bereich handelt, wurden nur Stücke des 19. und 20. Jahrhunderts aufgenommen.

Dem Katalogteil vorangestellt sind eine Einführung in die Geschichte des Glases sowie ein Glossar, das die verwendeten Begriffe erläutert und die wichtigsten Glashütten beschreibt. Ebenso werden die Stilmerkmale, die wichtigsten Zentren, Künstler und Designer aufgeführt, um dem Sammler Qualitätsmerkmale für hochwertiges Glas zu vermitteln.

Zu den Bewertungen im vorliegenden Katalog ist folgendes anzumerken: Alle Preise stammen aus dem Auktionsgeschehen des deutschsprachigen Raumes. Händler- und Schätzpreise wurden nicht aufgenommen.

Die Preislisten, die von den Auktionshäusern veröffentlicht werden, sind Bruttopreise ohne Aufschlag, d.h. je nach Auktionshaus muß man ca. 20 % Aufschlag hinzurechnen. Es muß darauf hingewiesen werden, daß die Preise der Händler meistens etwas teurer sind, da es insgesamt immer schwieriger wird, die Ware günstig einzukaufen.

Das Preisgefüge ist derzeit beim Glas relativ konstant. Lediglich die Objekte der Moderne, die nach 1950 entstanden sind, erzielen nicht immer die Preise, die sie im Hinblick auf ihre künstlerische Gestaltung eigentlich verdienen würden.

Der Grund hierfür liegt in der zu großen Anzahl von Bezugsquellen für modernes Glas, so daß nur wirklich außergewöhnliche Stücke aus bekannten Hütten gut verkauft werden können. Besonders an den Entstehungsorten selbst und auch auf Trödel- und Antikmärkten kann man modernes Glas zeitweise noch sehr günstig erwerben.

Allgemein ist zu beobachten, daß die Kaufbereitschaft zunimmt und die Preise dementsprechend - z.B. bei Biedermeierglas - einen leichten Anstieg verzeichnen. Es sind zwar keine dramatischen Preissteigerungen zu erwarten, andererseits wird das Glasobjekt jedoch auch nie entscheidend an Wert verlieren.

AN DEN SAMMLER

Die Geschichte des Glases erstreckt sich über etwa 5000 Jahre. An ihrem Beginn steht der Glasschmuck, der schon damals die Menschen fasziniert haben muß.
 Glas wurde zu einem der vielseitigsten Werkstoffe der Menschheitsgeschichte.
Viele Dinge, die uns das Leben erleichtern, wie Fenster, Brillen, Spiegel, Glühbirnen, basieren auf seiner Kombination von Härte und Lichtdurchlässigkeit. Diese Transparenz entsteht durch das Fehlen einer Grenzfläche im Innern, so daß das Licht ungebrochen hindurchfließen kann.
Aber auch in der modernen Technik spielt Glas eine wichtige Rolle. So profitieren z.B. die Datenübertragung bei Telefon, Kabelfernsehen und Computer vom Einsatz der Glasfasern, früher Engelshaar genannt.

Die einzige Eigenschaft des Glases, die uns zur Vorsicht zwingt, ist seine Zerbrechlichkeit. Für die Technik konnte zwar bruchsicheres Glas geschaffen werden, aber jeder Sammler erzittert, wenn ein Stück einmal kräftig ins Wackeln kommt und sich dem Ende des Regalbretts nähert.
Bei vielen alten Gläsern hat die Zeit ihre Spuren hinterlassen, es sind Abschläge, kleine Risse oder ähnliches aufzufinden, die den Wert des Einzelstückes zwar etwas mindern, nicht aber dessen Sammelwürdigkeit.

Die Faszination, die von dem Sammelgebiet Glas ausgeht, beruht auf der Vielseitigkeit und Feinheit, mit der viele Künstler diesen Wert- und Werkstoff bearbeiten können.

DECKELGLAS
Nordböhmen, Harrasche Hütte, 1820
Dr. Fischer, Heilbronn

....
DM 22.000,–

JUGENDSTILVASEN
Paris, Emile Gallé, Emile Gallé, Nancy
um 1900 – 1920, Dr. Fischer, Heilbronn

....
DM 2700,–/DM 2300,–/DM 4700,–

Es gibt opake Gläser mit kräftigen und prächtigen Farben und durchsichtige, die ihren vollen Reiz entfalten, sobald sich das Licht darin bricht. Auch kann ein Glas in allen Prismenfarben aufleuchten, wenn es z.B. von einem Diamantschliff verziert worden ist.

OPALGLAS
Friedrich Egermann, Haida, um 1830 – 1840
Dr. Fischer, Heilbronn

....

DM 3600,–/DM 8200,–/DM 10.000,–

Da hauptsächlich Glas des 19. und 20. Jahrhunderts im Marktgeschehen vertreten ist – beliebt sind besonders Biedermeierbecher und -pokale von namhaften Künstlern sowie Glas des Jugendstils – kann es sich der Sammler leisten, wählerisch zu sein. Dies wirkt sich wiederum auf das Preisgefüge aus, denn der Glasliebhaber von heute ist nicht mehr bereit, Objekte um jeden Preis zu erwerben, und nur Exemplare mit außergewöhnlichen Merkmalen und besonderen Eigenschaften können ihn dazu veranlassen, Höchstpreise zu zahlen.

Den Grundstock für eine Sammlung kann der Einsteiger mit Produkten aus der Biedermeierzeit, dem Jugendstil oder auch der Moderne legen, die aus weniger bekannten Hütten oder von nicht so namhaften Künstlern stammen. Denn dabei kann es sich um durchaus kunstvoll gestaltete Überfang- oder Farbgläser handeln, die zu vernünftigen Preisen erworben werden können.

Die Gefahr der Fälschungen ist bis auf wenige Ausnahmen nicht so groß wie bei anderen Sammelgebieten. Vor allem sind es die kalten Veredelungstechniken, wie z.B. Schnitt, Schliff, Vergoldung und Beize, die nachträglich auf das Glas aufgetragen werden können und so den Wert des Objekts fälschlicherweise erhöhen. Des weiteren können auch vom Anbieter gemachte Angaben über Provenienz und Alter des Glases nicht korrekt sein. Dem muß keine Täuschungsabsicht zugrundeliegen, sondern dies kann auf Unwissenheit zurückzuführen sein.

So haben nur wenige Auktionshäuser Experten, die Glas den verschiedenen Ländern, den unterschiedlichen Künstlern und Hütten verläßlich zuordnen und zusätzlich noch genaue Zeitangaben machen können. Andere Auktionshäuser müssen sich auf grobe Einschätzungen beschränken (siehe z.B. die häufige Nennung „Böhmen"), da ihr Angebot

POKAL/KARAFFE/HENKELBECHER/HENKELBECHER/HENKELBECHER

von 1840 – 1850 (Karaffe 1925), Dannenberg Berlin

....

DM 240,–/DM 150,–/DM 150,–/DM 130,–/DM 130,–

sehr breitgefächert ist und sich deshalb ein Experte für so kleine Teilbereiche wie Glas nicht lohnt. Dadurch kann sich aber auch die Chance bieten, mit etwas Fachwissen wahre Schnäppchen zu machen.

Besonders bei auf Trödel- und Antikmärkten angebotenem Biedermeier-Glas und dem „Markenglas" des Jugendstils ist Vorsicht geboten, da es sich dabei um Abgüsse neueren Datums handeln kann. Diese Kopien können derart perfekt sein, daß sogar die Signaturen deutlich hervortreten.

Allerdings sind diese Abgüsse zumeist in ihrer Beschaffenheit grober und erreichen niemals die Leuchtkraft des Originals. Aus diesem Grund sollte man sich den Kauf außergewöhnlich günstiger Stücke immer reichlich überlegen, denn die Freude über den Einkauf wird doch sehr getrübt, wenn man feststellen muß, daß das gute Stück kein Original ist.

Zu den Künstlersignaturen ist anzumerken, daß diese sich nur relativ selten auf Glas finden. Da aber Glaskunst wie jedes andere Handwerk den Geist ihrer Zeit widerspiegelt, kann man mit etwas Erfahrung ein Objekt seiner Epoche zuordnen. Bei antiken Werken kann der Stilvergleich mit ähnlichen vorhandenen Gläsern helfen, das zu bestimmende Objekt räumlich und zeitlich einzuordnen.

Erst bei Gläsern des 19. und 20. Jahrhunderts sind klare Zuordnungen mithilfe vorhandener Malerzeichen, Ritznummern und vielleicht sogar ganzer Signaturen möglich.

Der Ursprung des Glases ist weder zeitlich noch geographisch exakt zu bestimmen. Technische Voraussetzungen waren bereits in den Kulturkreisen der Ägypter, Mesopotamier und Syrer gegeben.

In Ägypten hat die Trockenheit den Zerfall des Glases aufgehalten, so daß dort die meisten antiken Objekte gefunden worden sind. So sind schon aus ägyptischen Königsgräbern der Zeit um 3500 bis 3000 v. Chr. aus Glas gegossene, grünliche Perlen erhalten, die wahrscheinlich als Ersatz für Edelsteine dienen sollten.

Um 1500 v. Chr. schließlich begannen ägyptische Glasmacher mittels der Sandkerntechnik Hohlgefäße herzustellen und mit Fadenmuster oder Emailmalerei zu schmücken. In der Königsresidenz Tell el Amarna wurden Parfümfläschchen aus der Zeit Tut-ench-Amuns um 1350 v. Chr. entdeckt.

Zwischen dem 8. und 6. Jahrhundert v. Chr. gelang es dann den Assyrern, die ersten Glasschnitte anzuwenden. In der Bibliothek des Königs Assurbanipal (668 - 626 v. Chr.) wurde ein Rezept in Keilschrift auf Tontafeln aufgefunden, das auf Förderung der Glaskunst schließen läßt.

In der um 330 v. Chr. im Nildelta gegründeten Stadt Alexandria entstand bald ein bedeutendes Zentrum der Glasherstellung. Alle bis dahin entwickelten Techniken zur Herstellung und Dekoration fanden Verwendung. Hier wurde auch das erste Überfangglas geschaffen.

Ein weiterer wichtiger Schritt war die Erfindung der Glasmacherpfeife durch Glashersteller aus Sidon in Syrien um ca. 200 v. Chr.. Durch Ausblasen eines Rohlings konnte erstmals einfaches, dünnwandiges Gebrauchsglas in kurzer Zeit und großer Formenvielfalt hergestellt werden.

Die Arbeit mithilfe der Glasmacherpfeife wurde im römischen Reich zur Basis für die Produktion von Gebrauchs- und Luxusglas. Schon in der Kaiserzeit galt hochwertiges Glas in seiner künstlerischen Ausfertigung als Luxusgut - Diatretgläser dieser Zeit sind unerreichte Meisterwerke des Glasschliffs.

In seiner einfachen Form hingegen war Glas zum ersten Mal in seiner Geschichte zu einem Gegenstand des Alltags geworden, der von jedermann zu einem erschwinglichen Preis erworben werden konnte.

Der Handel blühte auf, und viele Glasmacherhütten wurden in den verschiedenen Regionen des römischen Imperiums gegründet. Gebiete am Rhein und in Gallien wurden zu bedeutenden Zentren für Gebrauchs- und Luxusglaswaren.

Die byzantinische Glaskunst übernahm die römischen Vorbilder und beeinflußte ihrerseits wiederum die islamische Glasherstellung. Werkstätten in Syrien und Ägypten führten die byzantinische Tradition während der nächsten Jahrhunderte weiter.

Im Zusammenhang mit dem Untergang des römischen Reiches und den Völkerwanderungen ging im Abendland das Wissen um die Glasherstellung verloren. Erst im Zuge zahlreicher Klostergründungen entstanden ab dem 8. Jahrhundert in abgelegenen Waldgegenden Glashütten, die bis ins 13. Jahrhundert direkt der Kirche unterstanden und dann als unabhängige Familienbetriebe ihr Dasein fristeten.

Sie schufen ein grünliches Glas – das sogenannte „Waldglas" – als schlichtes Haushaltsgut. Der „Römer", eine heute verbreitete Form des Weinglases, hat hier seinen Ursprung.

{ Kalk
Sand
Soda

RÖMER

Deutschland und Holland, 17. Jahrhundert
Dr. Fischer, Heilbronn

DM 2800,–/Aufruf DM 23.000,–/DM 2900,–

Für die Fenster romanischer Dome wurde farbiges Flachglas eingesetzt. Die Kenntnis hierfür war vermutlich aus Rom mitgebracht worden. Infolgedessen konnte der Benediktinermönch Theophilus Presbyter um 1100 n. Chr. das Wissen um die Herstellung von Tafelglas für farbige Kirchenfenster niederschreiben und so für die Nachwelt aufbewahren.

Mit den Kreuzzügen im 12. und 13. Jahrhundert gelangte das Wissen um die Hohlglasveredelung verstärkt nach Europa. Auch Handelskontakte mit dem Orient trugen innerhalb kurzer Zeit zum Fortschritt bei der Herstellung von Glas bei. Unter dem Einfluß verschiedener Ausprägungen der Glasherstellung entwickelte sich das Kunstglas vor allem in der Handelsrepublik Venedig zu einem bedeutsamen Wirtschaftsfaktor. Die Reinheit und Dünnwandigkeit venezianischen Glases waren bald ein Begriff in Europa. Auch das Wissen um die Herstellung von Kristallglas („cristallo") wurde über die Beziehungen zum Orient erworben und konnte geheimgehalten werden.

FUSS-SCHALE

mit Wappen, Venedig, um 1500
Dr. Fischer, Heilbronn

DM 28.000,–

BECHER

Venedig, 17. Jahrhundert
Dr. Fischer, Heilbronn

DM 2600,–

Bis 1292 war die Zahl der Glashütten in Venedig derart angestiegen, daß wegen Feuergefahr alle Glasproduktionsstätten auf die kleine Insel Murano direkt vor Venedig verlegt werden mußten.

Die Glaskünstler von Murano waren in der Renaissance berühmt für ihre Techniken, die sowohl auf antiker Überlieferung als auch auf ihrem eigenen Erfindungsgeist basierten. Später machten die Netz- und Fadengläser ganz Europa auf die muraneser Glaskunst aufmerksam. Bis in die 2. Hälfte des 17. Jahrhunderts behauptete Venedig seine dominierende Stellung auf dem Gebiet der Glaskunst.

Venezianisches Glas war in den nordeuropäischen Ländern sehr beliebt, und für seinen Erwerb wurden immense Summen ausgegeben. Um die Einfuhr von Glas aus Italien einschränken zu können, begann man selbst, Glas in venezianischer Manier herzustellen. Die erste Glashütte, die man dafür errichtete, entstand um 1550 in Antwerpen.

DECKELPOKAL

Facon de Venise
um 1600
Dr. Fischer, Heilbronn

....

DM 5800,–

In den folgenden 100 Jahren wurden zahlreiche weitere Glashütten nördlich der Alpen gegründet, in denen Glaskünstler aus der Stadt Altare bei Genua aus Murano das venezianische Glas nachbildeten. Erst langsam entwickelte sich ein eigener Gefäßtyp, der sich von der „Facon de Venise" abhob.

Zur Zeit des Barock erlangte die Stadt Nürnberg mit ihren Glasschneidern internationalen Ruf. Begründet wurde dieser Ruf durch den Künstler Georg Schwanhardt (1601 – 1667), der 1622 nach Nürnberg kam.

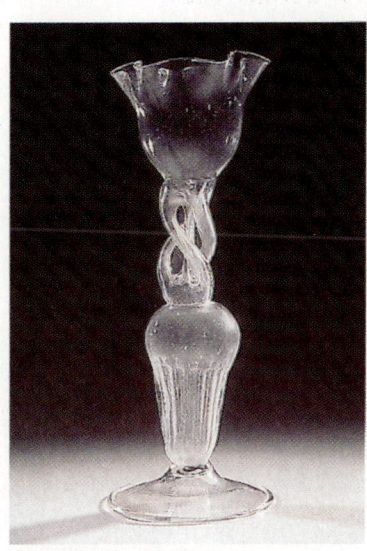

KUTTROLF

Deutschland oder Niederlande,
17. Jahrhundert
Dr. Fischer, Heilbronn

....

Aufruf DM 5800,–

13

SATZ VON
6 GLASSCHEIBEN MIT
MONATSDARSTELLUNGEN

Nürnberg
Ende 17. Jahrhundert
Dr. Fischer, Heilbronn
....
DM 3300,–

Die Glasschneider zauberten ebenso Motive aus der Tier- und Pflanzenwelt wie Porträts in erlesener Feinheit. Diese Kunst übte großen Einfluß auf Glashütten in Böhmen, Thüringen und Sachsen aus.

Ende des 17. Jahrhunderts wurde in böhmisch-schlesischen Glashütten der Glasschmelz so weit verbessert, daß ein dickwandiges, klares Kristallglas geschaffen werden konnte, welches den Hoch- und Tiefschnitt ermöglichte.

Die Gravur dieses Kristallglases wurde für die gesamte barocke Glasgestaltung bestimmend.

HOCHSCHNITT-FLACON

Schlesien, Hermsdorf, um 1710
Dr. Fischer, Heilbronn
....
DM 8500,–

POKAL

Schlesien, um 1740
Dr. Fischer, Heilbronn

....

Aufruf DM 1600,–

Die Arbeitsteilung bei der Glasherstellung wirkte sich fruchtbar auf die hohe künstlerische Qualität des böhmisch-schlesischen Glases aus. So waren z.B. das Schleifen und das Gravieren zwei grundsätzlich voneinander getrennte Arbeitsbereiche. Jeder Handwerker war eine auf seine jeweilige Fertigkeit spezialisierte und hochqualifizierte Fachkraft.
Das Zentrum der Glasherstellung lag damit nun nördlich der Alpen.

Parallel zu dieser Entwicklung in Böhmen und Schlesien entstand in England das Bleikristallglas, das später dem böhmischen Kristallglas als Konkurrent gegenüberstand.

Zur selben Zeit begann man in Frankreich mit der Produktion von Glasspiegeln, die durch Gießen von Glas auf große, flache Platten unter Verwendung von Quecksilber entstanden. In Versailles wurden diese Spiegel erstmals in großem Stil eingesetzt, und sie hielten von dort aus in fast allen Fürstenresidenzen Einzug. Ihr für den Barock entscheidender Effekt war die Illusion, daß sich die Räume scheinbar ins Grenzenlose öffneten.

Zu Anfang des 19. Jahrhunderts setzten sich neue Techniken durch, die die Befeuerung der Brennöfen effizienter machten. Man verwendete als Energieträger Kohle statt Holz. Damit war der Standort der Produktion nicht mehr von der Nähe eines Waldes abhängig.

BECHER

Böhmen, um 1840
Dr. Fischer, Heilbronn

....

DM 2800,–

BECHER

Böhmen, W. Tietz, 1859
Dr. Fischer, Heilbronn

....

DM 20.000,–

Die bis dahin stets akute Gefahr von Bränden war gebannt. Die Einführung künstlicher Sodaerzeugung, die Pottasche als einen Hauptbestandteil des Rohstoffes Glas ersetzte, bewirkte in der ersten Hälfte des 19. Jahrhunderts eine wesentliche Verbilligung der Glasherstellung. Erst diese kostensenkende Erneuerung ermöglichte es, in der Architektur großzügig Glas verwenden zu können. In der Folge entbrannte ein harter Konkurrenzkampf zwischen den einzelnen Betrieben.

Zur Zeit des Biedermeier wurden alle dekorativen Techniken angewendet und interessante Neuheiten erfunden, um den Verkauf anzukurbeln.

Aus Amerika kamen die ersten Maschinen für eine Massenproduktion nach Europa und führten die Glashersteller auf der Suche nach neuen Verkaufsschlagern zur Nachahmung alter Stile. Die Qualität der Kopien in der künstlerischen Epoche des Historismus ließ öfter zu wünschen übrig.

ZIERVASE

Emile Gallé
Dr. Fischer, Heilbronn
....
DM 3300,–

Noch bis zum Ende des 19. Jahrhunderts wurden Hohlgläser in Handarbeit und mit sehr einfachen Werkzeugen hergestellt. Zu Beginn des 20. Jahrhunderts entwickelte man Maschinen, die zunächst Flaschen und Gläser anfertigten, aber bald auch bei der Kelchglasherstellung eingesetzt wurden.

Emile Gallé in Frankreich und Louis Comfort Tiffany in den USA setzten dieser industriellen Entwicklung etwas gänzlich Neues entgegen. Am Ende des 19. Jahrhunderts trennten diese Künstler erstmals die Ausführung eines Glasobjektes von seinem Gebrauchszweck.

Reine Kunstobjekte aus Glas entstanden, die keine Funktion mehr hatten. Mit Gallé und Tiffany kam die alte Technik der handwerklichen Glasmalerei und des Überfangdekors in Mode.

Die Industrialisierung setzte sich im Laufe des 19. Jahrhunderts in allen Bereichen der Glasherstellung durch. Man arbeitete mit Druckluft, eisernen Preßformen und Blasmaschinen und stellte in großem Umfang Preßglas her. Schon um 1820 bis 1830 wurde u.a. in den namhaften französischen Firmen Saint-Louis und Baccarat Preßglas fabriziert.

Seit etwa 1960 hat der Einsatz von Maschinen bei der Gebrauchsglasherstellung die Handarbeit weitgehend verdrängt. Man muß billige Massenware von wertvollem Kunstglas unterscheiden.

Leider sind heute auch veredelte Hohlgläser zu einem Massenartikel geworden. Ausgestattet mit Abziehbildern, gepreßten Mustern und sandgestrahlten, mattglänzenden Flächen oder im Siebdruckverfahren hergestellt, sind sie im Gegensatz zu den Hüttengläsern überall günstig zu erwerben.

Der Sammler jedoch erkennt und schätzt das Handwerk, das schöpferische Design, welches heute neben der Massenproduktion weiterhin besteht.

DAS GLAS DES BIEDERMEIER

Nach der Gründung der Porzellanmanufaktur Meissen und der Entdeckung des Porzellans als Gebrauchsgut verlor das Glas seinen hohen Stellenwert. Der Adel und später das Bürgertum zogen das Porzellan vor, das im Zusammenhang mit der Verbreitung der Modegetränke Kaffee und Schokolade stark an Popularität gewann.

Erst im Laufe der Napoleonischen Kriege und der darauffolgenden politischen Umwälzungen, die den gesellschaftlichen Aufstieg des Bürgertums nach sich zogen, wuchs der Bedarf an neuen Glastypen und Dekorformen. Eine bürgerliche Glaskunst entstand, die mit Vorliebe für die Vitrine in Wohnzimmer und Salon gesammelt wurde.

Das Glas zur Zeit der Restauration spiegelt thematisch den Rückzug einer breiten Bevölkerungsschicht in den privaten Wohnbereich wider. Beliebt waren Gläser und Becher mit Widmungen an Freunde, zum Geburts- und Namenstag, sowie Liebesgaben, Blumendarstellungen, Porträts von Familienmitgliedern, des Adels und bedeutender Persönlichkeiten. Souvenirgläser mit Ansichten von Bauwerken oder schönen Landschaften stillten das Fernweh und die Freiheitsträume in der Romantik.

Klassizistische Elemente, wie z.B quadratische Plinthen und vierseitig facettierte Schäfte, waren für die Formgebung bestimmend. Der einfache zylindrische Becher und der Pokal wurden mittels geschwungener Linien leicht verändert. Besonders beliebt war der Ranftbecher in seiner reinen Form.

Durch exquisite Bemalung und Schliff wurde die etwas plumpe Erscheinung des dickwandigen Biedermeierglases wieder wettgemacht.

RANFTBECHER

Anton Kothgasser, um 1825
Dr. Fischer, Heilbronn

....

Aufruf DM 6800,–

Bekannte und gelernte Porzellanmaler wie Anton Kothgasser (1769 – 1851) in Wien, Samuel Mohn (1760 – 1815) und sein Sohn Gottlob Samuel Mohn (1789 – 1827) in Leipzig und Dresden schufen feine Glasmalereien aller Art. In den kleinen Fabriken der Familie Mohn wurden viele Becher – seit 1809 auch im Umdruckverfahren – veredelt und signiert.

ANSICHTENBECHER

Samuel Mohn, um 1812
Dr. Fischer, Heilbronn

....

DM 33.000,–

Unerreichbar im Porträtschneiden war Dominik Biemann (1800 – 1857). Franz Anton Pelikan (1786 – 1858) und August Böhm (1812 – 1890) und ihre Familien aus Meistersdorf bei Steinschönau/Böhmen kreierten geschliffenes Glas in reichster Ausprägung.
Von Pelikan ist nur ein signierter Becher bekannt, Familie Mohn hingegen signierte häufig.

Ludwig Moser (1833 – 1916), der bei Karlsbad die Fabrik „Ludwig Moser und Söhne AG" gründete, war einer der bekanntesten Glasschneider, der auch noch mit interessanten Jugendstil-Schnittarbeiten überraschte. Die dreißiger Jahre des 19. Jahrhunderts bildeten den Höhepunkt der Glasschneidekunst.

Da die individuelle Gestaltung jedoch sehr zeitraubend war, ging um 1850 die Nachfrage nach geschnittenen Gläsern allmählich zurück. An die Stelle der geschnittenen Gläser traten Farb-, Stein- und Überfanggläser.

Aus England kam die Wedgwoodkeramik, die Anfang des 19. Jahrhunderts großen Einfluß auf das gestalterische Handwerk in Europa hatte.

DECKELBECHER

F. A. Pelikan, 1823
Dr. Fischer, Heilbronn

....

Aufruf DM 8800,–

So wurde im Jahre 1803 in der Gräflich Buquoyschen Glasfabrik in Südböhmen ein siegellackrotes und 1817 das schwarze Hyalithglas erfunden, um den Vorbildern der Firma Wedgwood näher zu kommen.

SCHWARZES HYALITHGLAS

Buquoysche Glashütten
Georgenthal oder Silberberg
1820 – 1840
Dr. Fischer, Heilbronn

....

Aufruf DM 2400,–
Aufruf DM 1900,–
Aufruf DM 1600,–
Aufruf DM 1700,–
Aufruf DM 690,–

LITHYALINGLAS-FLACONS

Friedrich Egermann
um 1830
Dr. Fischer, Heilbronn

....

DM 1400,–
DM 2800,–
Aufruf DM 1600,–

In Nordböhmen entwickelte Friedrich Egermann (1777 – 1864) 1828 ein Steinglas, daß er „Lithyalin" nannte. Es wurde mit marmorähnlicher Maserung in den verschiedensten Farben hergestellt, weshalb Egermann es 1835 als „Chamäleon-Glas" titulierte. Großen Erfolg konnte Egermann auch mit der Erfindung der Gelb- (1820) und der Rotbeize (1840) verbuchen.

Die Becher Kothgassers, Mohns und Egermanns sind sehr häufig im Marktgeschehen vertreten und werden teilweise in ihren Preisen so hoch angesetzt, daß nur die außergewöhnlichen Stücke Käufer finden.

Das französische Kunstglas gewann zu Anfang des 19. Jahrhunderts an Bedeutung. Namhafte Firmen wie Baccarat, Saint-Louis und Meisenthal

GLAS MIT TRANSPARENTEMAILMALEREI

F. Egermann, um 1840 – 1850, Dr. Fischer, Heilbronn

....

Aufruf DM 4800,–/DM 1750,–/Aufruf 460,–/DM 1600,–

machten sich die Fortschritte auf den Gebieten von Chemiewissenschaft und Technik zunutze und kreierten hervorragende Kristallgläser mit dem seit 1781 bekannten Rezept des englischen Bleikristallglases. In den 1840er Jahren wurde farbiges Glas immer beliebter. Durch neue Technologien konnten verschiedene Farbglassorten und neue Veredelungen entwickelt werden. Farbig überfangene Becher, die mit durchschliffenem Ziersaumdekor und gemalten Ornamenten versehen waren, wurden als Sammelobjekte gehandelt. Opake Steingläser nach einer dem Barock entlehnten Form sowie schwarze und siegellackrote Hyalithgläser, mit Streublumen und Chinoiserien geschmückt, kamen in Mode.

DAS GLAS DES HISTORISMUS

Mit dem Aufkommen der Nationalstaaten entwickelte sich eine Geschichtsbegeisterung, die das Lebensgefühl der gebildeten Gesellschaft beeinflußte. Aus dieser „historisieren-den" Betrachtungsweise entstand eine neue Lebens- und Wohnkultur, die alle Kunstgattungen mit einbezog.

Diese heute als Historismus bezeichnete Epoche fand ihren Ausdruck in der Wiederbelebung fast aller Kunstformen der Vergangenheit unter Verzicht eines gestalterischen Neuansatzes.

Aus einem romantisch übersteigerten Elan heraus wurde versucht, die Vorbilder noch zu übertreffen. Einen besonderen Anreiz dafür boten die Weltausstellungen seit 1851. Ziel war es, nicht mehr in kurzlebigen Modeerscheinungen aufzugehen, sondern dauerhafte, zeitgemäße Formen zu schaffen. Alle Ausstellungsteilnehmer spornten sich gegenseitig zu immer neuen, höheren Leistungen an. Aus diesem Konkurrenzkampf heraus entstanden immer prunkvollere Exponate.

Für das Glas bedeutet dieser Rückgriff auf alte Stile vor allem die Übernahme von Formen aus der antiken Zeit, die dank zahlreicher Ausgrabungen im 18. und 19. Jahrhundert bekannt waren. Ebenso wurden mittelalterliche Stilformen wiederentdeckt und die Emailmalerei des 16. und 17. Jahrhunderts wiederaufgenommen.

Auf der Insel Murano begannen die Glasmacher, Kopien von Millefiori-, Mosaik- und Aventuringläsern aus der Zeit Alexanders des Großen herzustellen. Die Hütten von Vincenzo Moretti (1835 – 1890), Giovanni Barovier (1839 – 1908) und der Fratelli Toso, die seit ca. Mitte des 19. Jahrhunderts bestanden, schufen „vetri murini" in den kompliziertesten Techniken der Glaskunst, eigenwillige Glaskompositionen, die sehr häufig als Schmuck verwendet wurden.

In Anlehnung an die Millefioritechnik Muranos produzierte die französische Hütte Saint-Louis seit 1850 viele heute sehr gefragte Einzelstücke.

DECKELHUMPEN

Neuwelt, um 1775
Dr. Fischer, Heilbronn

....

DM 3600,–

BRIEFBESCHWERER

Frankreich, MItte 19. Jahrhundert
Dr. Fischer, Heilbronn

....

DM 720,–/DM 280,–/DM 600,–
DM 400,–/DM 950,–
DM 630,–/DM 950,–/DM 750,–

In Österreich verschaffte Ludwig Lobmeyr dem geschliffenen Kristallglas wieder Geltung, indem er mit vielen Glasschneidern aus Nordböhmen ein hervorragendes Kunstglas entwarf. Lobmeyr erreichte als einer der wenigen das Ziel, eine eigenständige künstlerische Linie zu entwickeln, die auf keine Vorbilder zurückzuführen ist.

Die künstlerischen Werkstätten hatten es allerdings schwer, mit den technischen Entwicklungen des 19. Jahrhunderts Schritt zu halten. Um 1827 wurde in Amerika eine Glaspreßmaschine erfunden, die bald darauf in Europa Einzug hielt. Das Kunsthandwerk ist als Ergebnis des Kampfes gegen die Begleiterscheinungen der Massenproduktion mit ihrer kostengünstig hergestellten Gebrauchsware anzusehen. Allmählich erlahmte in diesem Kampf die Kreativität der Künstler, so daß die Glasproduktion bis in die 1870er Jahre nurmehr von den großen Glasbetrieben bestimmt wurde.

KARAFFE

Lobmeyr, Ausführung Meyr's Neffe
um 1880, Dr. Fischer, Heilbronn

....

Aufruf DM 3900,–

Neue Anregungen erfuhr das Design durch Einflüsse der Kunst aus dem Vorderen Orient und Ostasien. Nachdem auch hierbei anfangs historistische Züge vorherrschend waren, konnten sich die Künstler im Verlauf der Zeit doch von den alten Vorbildern lösen und einer eigenen Kunstrichtung den Weg ebnen.
Das Farbenglas wurde seit der Mitte des 19. Jahrhunderts nicht mehr in einfachen Farbkombinationen hergestellt. Man versuchte, die reiche Farbpalette des Glases aus dem Orient und Asien nachzuahmen, die in ihrer Leuchtkraft der europäischen Emailmalerei weit überlegen waren. Schon bald war man in der Lage, durch eigenwillige Zusammenstellung von Komplimentärfarben kühne Akkorde zu erzielen; die alten und starren Dogmen der Farbenlehre waren damit überwunden.

DECKELVASE

Lötz Witwe, Klostermühle, 1890
Dr. Fischer, Heilbronn

....

DM 10.000,–

William Morris (1834 – 1869) trug mit seinem reformerischen Gedankengut dazu bei, die Entwicklung des Jugendstils voranzutreiben. Er setzte sich mit Blick auf die mittelalterliche Handwerkstradition und ihren Zünften für die Errettung des Kunsthandwerks ein und wollte Werkstätten mit einer bestimmenden künstlerischen Kraft schaffen, die dazu angetan war, die gesamte Wohnkultur zu verändern.

DAS GLAS DES JUGENDSTILS UND ART DÉCO

Der Jugendstil ist als Gegenbewegung zum Historismus entstanden.
Nicht mehr althergebrachte Formen aus vergangenen Zeiten, sondern Elemente aus Flora und Fauna gewannen großen Einfluß auf die neue Gestaltung. Kennzeichnend sind schwingende Wellenbewegungen, sowie Blumen- und Blattornamente. Beliebt waren auch asymmetrische Formgebungen, die natürlichen Objekten wie z.B. Zwiebeln oder Kürbissen nachgebildet waren und vorzugsweise als reliefgeätzter Dekor auf dem Kunstglas zu finden sind.

Auch das Design asiatischer Länder gewann großen Einfluß. China wurde nach dem verlorenen Opiumkrieg (1838 – 1842) gezwungen, sich dem Weltmarkt zu öffnen. Im Zuge dieser Entwicklung war 1851 auf der Londoner Weltausstellung das vielbeachtete asiatische Kunsthandwerk vertreten, das die europäische Kunstgeschichte beeinflußte. Für das chinesische Glas sind u.a. farbige Überfanggläser mit floralen Hochschnitten charakteristisch, die auch im Jugendstil häufig anzutreffen sind. Es wurden nicht allein die Formen imitiert, sondern auch die entsprechenden Techniken übernommen, die man in China bereits seit ca. 2200 Jahren gekannt hatte.

VASE „PICCIOLA"

E. Gallé, um 1898
Dorotheum Wien

....

DM 21.430,–

Die Vertreter der auch Art Nouveau genannten Kunstrichtung schafften es, einen Stil zu entwickeln, der sich mit einer umfassenden Formensprache durch alle Bereiche der Kunst und des Kunsthandwerks zog. Leider wurde sie vom Durchschnittsbürger nicht angenommen, da er sich diese für den Wohnraum und den Alltag geschaffenen Objekte nicht leisten konnte.

Die Glaskunst erlebte im Jugendstil einen enormen Aufschwung und Höhepunkt. Neben Europa wurde auch in Amerika vortreffliches Glas von höchstem künstlerischem Niveau geschaffen.

Emile Gallé (1846 – 1904) aus Nancy entwarf in der Keramik- und Glasfabrik seines Vaters ein gänzlich neues Design, mit dem er auf der Weltausstellung von Paris 1867 großes Interesse erweckte. Er kreierte Kunstobjekte von edelsteinartigem Charakter, die transparent eingefärbt, mit opaken Farbglasadern marmoriert und mit Metallfolieneinschlüssen und gestochenen Luftblasen geschmückt waren. Da ihn schon in seiner Jugend die Botanik fasziniert hatte, zeichnete sich der Dekor seiner Gläser durch hervorragende Blumendarstellungen aus.

1874 übernahm er den Betrieb seines Vaters, beschäftigte zahlreiche Arbeiter und signierte alle Werke, die er für gut befand, mit seinem Namen.

In den 90er Jahren ist die Gesellschaft „Société Lorraine des Arts Décoratifs" gegründet worden, die dem spezifisch lothringischen, von Gallé geprägten Stil nacheiferte.

1901 wurde diese Vereinigung unter dem Namen „Ecole de Nancy" neu konstituiert. Um 1930 schließlich ist sie an ihren hohen kunstpädagogischen Zielen und der industriellen Produktion trivialer Massenware gescheitert.

Während Gallé von der Glaskunst aus dem fernen Osten beeinflußt war, war Louis Comfort Tiffany (1848 – 1933) von der islamischen Kunst des Vorderen Orients tief beeindruckt.

LIBELLEN-TISCHLAMPE

L. C. Tiffany, um 1900
Schloß Ahlden a. d. Aller

....

DM 57.000,–

FAVRILEGLAS-ZIERVASEN

L. C. Tiffany, von 1900 – 1920
Schloß Ahlden a. d. Aller

....

Aufruf DM 2600,–/Aufruf DM 2600,–
Aufruf DM 2800,–

Der amerikanische Juwelier beherrschte vollendet die Formarbeit am glühenden Ofen und die Kunst des Auf- und Einlegens kleiner Teile. Tiffanys Werke besaßen eine feurige Leuchtkraft, die seinen Vasen und Lampen weltweiten Ruhm einbrachten. Ihre Oberflächen erscheinen dichter und geschlossener als die der europäischen Erzeugnisse.

Die matte Oberfläche des verbleiten und metallisch glänzenden Favrileglases und die organischen Formen mit zum Teil irisierendem Pflanzendekor wurden zu einem Markenzeichen der Firma Tiffany.

Allerdings waren die Produktionskosten für das Favrileglas so hoch, daß man damit nur eine finanzkräftige Käuferschicht ansprechen konnte.

Die Pioniere Gallé und Tiffany beeinflußten viele Künstler. In Nancy begannen 1891 die Brüder Daum – Jean-Louis-Auguste (1854 – 1909) und Jean-Antonin (1864 – 1930) – in ihrem „Atelier d'Art à la Verrerie de Nancy" Kunstgläser nach dem Vorbild Gallés herzustellen.

Im Verlauf der 90er Jahre wurde die Firma der Daum Frères zu einem der erfolgreichsten Unternehmen in Lothringen. Bald wandten sie sich der Serien- und industriellen Massenproduktion zu und überschwemmten den Markt mit einer ziemlich grob ausgeführten „Ätzware".

Erst später entwickelte Antonin Daum neue, eigene technische Verfahren und konnte mit ihrer Hilfe ganze Landschaftsbilder aus buntem Glaspulver zwischen den Überfangschichten eines Glases festhalten.

Johann Lötz gründete 1830 in Böhmen die Glasfabrik „Lötz Witwe", die nach seinem Ableben an Max Ritter von Spaun verkauft und von diesem bis 1908 erfolgreich geführt wurde. Spaun, der von Tiffany stark beeinflußt war, schuf in der Lüstertechnik mit viel Phantasie zahlloses Kunstglas, das heute häufig auf dem Markt vertreten ist. Es ist erstaunlich, wieviel Jugendstilglas – gerade aus den französischen Hütten – auf dem Markt ist. Gemessen an dieser Menge sind die Preise, die teilweise verlangt werden, als sehr hoch einzuschätzen.

VASE

Daum Frères, um 1910
Dr. Fischer, Heilbronn

....

Aufruf DM 9800,–

IRISIERENDE VASEN

Lötz Witwe, Klostermühle, um 1898 – 1903
Dorotheum Wien

....

DM 1570,–/DM 3570,–
Aufruf DM 3570,–/Aufruf DM 2860,–

Die Folge ist, daß entweder nur sehr frühe (etwa aus der Zeit um 1895) oder außergewöhnliche Stücke den Besitzer wechseln, während ein Großteil oft keinen Käufer findet.

An der Berliner Akademie entwarf Carl Koepping (1848 – 1914), der dort für die Bereiche Kupferstich und Radiertechnik zuständig war, Vorlagen für feine und zierliche Gläser, die er u.a. von Julius Zitzmann (1840 – 1906) ausführen ließ. Koeppings Gläser wurden so dünn geblasen, daß sie sehr zerbrechlich waren und deshalb kaum auf dem Markt angeboten werden.

Der Übergang vom Jugendstil zum Art Déco ist im Glasdesign fließend. Man verzichtete auf hervortretende Ornamentik und verspielten Dekor und fand zu abstrakteren, kantigeren Formen und unterschiedlichen, entweder ganz kräftigen oder auch sehr zarten Farben.

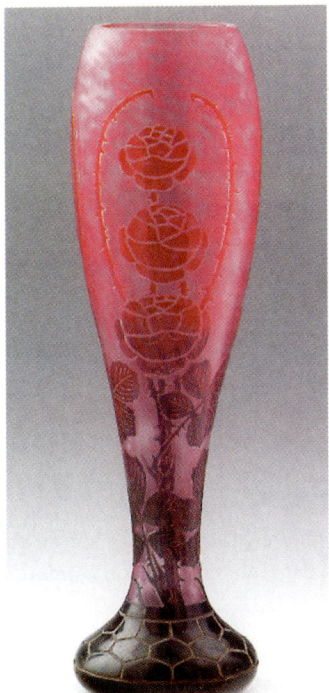

Ernst Schneider, von 1902 bis 1909 Geschäftsführer der Brüder Daum, gründete ein eigenes Unternehmen; seinen Erfolg verdankte er den klaren, strengen Linien, die dem Zeitgeist des Art Déco entsprachen.

René Lalique (1860 – 1945), ein gelernter Juwelier, trat in mehreren handwerklichen Bereichen als Designer hervor. Um seine eigenen Vorstellungen verwirklichen zu können, gründete er 1909 in der Nähe von Fontainebleau eine eigene Glashütte. 1918 zog der Betrieb nach Wingen-sur-Moder um und wird noch heute unter dem Namen 'Cristal Lalique' von dessen Enkelin geleitet.

VASE

Cristallerie Schneider, um 1920
Wiener Kunstauktionen

Aufruf DM 7140,–

TISCHUHR

René Lalique, um 1925
Wiener Kunstauktionen

Aufruf DM 4285,–

Lalique produzierte eine immense Palette an unterschiedlichen Glaserzeugnissen, die er z.T. serienmäßig herstellen ließ. Er fabrizierte gläserne Gefäße, Lampen, Kühlerfiguren, Paperweights, Statuetten, Parfümflakons, Uhrenfassungen sowie Möbeleinsätze und Spiegel.
Die Produkte Laliques zählen wegen ihrer optimalen Verbindung von Qualität und Quantität zu den namhaftesten unserer Zeit.

In den deutschsprachigen Ländern war dies die Zeit der Werkbünde, der Sezessionen und des Bauhauses.

Man setzte sich in Deutschland, Österreich und der Schweiz zusammen, um einen Weg zu finden, die Technisierung der Arbeitswelt in künstlerische Bereiche mit einzubeziehen. Der Beruf des Designers entstand, der nichts mehr mit der Glasherstellung zu tun hatte. Es wurden Gläser geschaffen, die, funktionsgerecht und in Massen hergestellt, nicht „die gute Form" verlieren sollten. Der Schwerpunkt lag auf der deutschen Tradition der farblosen Kristallglasherstellung.

Walter Gropius (1883 – 1969) gründete 1919 in Weimar das Bauhaus als Schule für gestaltendes Handwerk, welches u.a. entscheidende Impulse auf die Formgebung und Gestaltung des gesamten Hausrates ausübte.

In Deutschland, dem Ursprungsland der Neuen Sachlichkeit, wurde mit dem Ziel der Funktionalität des Designs die Basis für das Glas der Moderne gelegt.

DAS GLAS DER MODERNE

Die Jahre des Wiederaufbaus nach dem Zweiten Weltkrieg brachten eine neue Lebenseinstellung und -freude mit sich. Ausdruck des beginnenden „Wirtschaftswunders" war u.a. auch die Suche nach neuen, modernen Formen, die den Lebensraum und Alltag verschönern sollten.

Bis in die 80er Jahre konnte man das Design der 50er nicht als eigenen Stil akzeptieren und belächelte es als geschmacklos. Nur ein kleiner Kreis von Sammlern schätzte die sehr eigenwilligen Formen, die in allen Richtungen des Handwerks zum Ausdruck kam. Heute jedoch sind, besonders im Bereich Glas, Objekte dieser Jahre sehr gesucht und werden bezüglich ihres künstlerischen Wertes oft hoch gelobt.

Es entstand Glas für gehobene Ansprüche, das von namhaften Designern unter Verwendung aller bekannten Techniken hergestellt wurde. Künstler aus der ganzen Welt schufen individuelle Kreationen. Ungewöhnlich gewagte, phantasievolle Farbgebungen und unregelmäßige Linien, angeregt durch Naturformen wie Steine und Muscheln, sind typisch für das Design der Nachkriegsjahre.

Auch eine ausgeprägte Dickwandigkeit der Gefäße, deren Hohlform auf ein kleines Loch reduziert wurde, oder im Gegensatz dazu dünne Glastypen, virtuos und zerbrechlich ausgeformt, stehen für den Geschmack der Zeit.

Von Sammlern gesucht sind Ausführungen, die von namhaften Hütten in geringer Auflage und möglichst im Entwurfsjahr produziert worden sind. Diese Stücke erzielen heute hohe Preise.

Moderne Formgebung und alte Technik zeichnen das Glas der 1921 gegründeten Hütte Paolo Veninis (1895 – 1959) aus, für die Designer wie Tobias Scarpa, Tapio Wirkala und Fulvio Bianconi Entwürfe anfertigten.

Auch bekannte Firmen wie Fratelli Toso, Salviato, Seguso, Gino Cenedese und Barovier stellten sich in ihrem Design auf die modernen Formen ein und verbanden antike Techniken mit den Farben und Gestaltungsweisen der 50er Jahre.

Der Tod Veninis jedoch markierte das Ende des erfolgreichen Jahrzehnts italienischer Glasproduktion.

VASEN

Salviati und Aureliano Toso, Venedig
1960 – 1980, Dr. Fischer, Heilbronn

....

Aufruf DM 2800,–/Aufruf DM 380,–/Aufruf DM 1300,–

VASEN

Salviati und Aureliano Toso, Venedig
1960 – 1980, Dr. Fischer, Heilbronn

....

Aufruf DM 2800,–/Aufruf DM 380,–/Aufruf DM 1300,–

Neben Italiens Glaskunst spielt auch das Design skandinavischer Länder eine große Rolle.

In Schweden kam eine schon lange während Glastradition zur Blüte, die sich hinsichtlich Stil und Qualität einen Namen machte. Firmen wie Kosta und Orrefors konnten dank hervorragender Designer phantasievolle Gläser kreieren, deren Merkmal eine transparente Dickwandigkeit mit eingelegten bunten Fäden war.

In Finnland, einem Land ohne bedeutende Glashüttentradition, schuf die Firma Iittala bei Helsinki Glas in einfachen Formen mit zurückhaltenden Farben, eingestochenen Luftblasen oder auch Löchern in den Wandungen. Tapio Wirkala und Timo Sarpaneva konnten damit Erfolge für sich verbuchen – das Glas erzielt heute hohe Sammlerpreise.

Die Glaskunst in Deutschland stand noch unter dem Einfluß der Neuen Sachlichkeit, die einfaches Industriedesign vorschrieb. Es traten einzelne, individuelle Designer und Produzenten hervor, die dem modernen Glas seine Gestalt gaben.

Charakteristisch für die Produkte aus der Württembergische Metallwarenfabrik (WMF) und den Vereinigten Farbglaswerken in Zwiesel sind einfache, meist konische Formen, die auf dem Markt nicht sehr hoch dotiert werden.
Demgegenüber ist modernes Glas aus Italien und den skandinavischen Ländern heute von Sammlern besonders begehrt und wird gut bezahlt.

ABRISS (AUCH ABSCHLAGNARBE)
Zeigt die Stelle, an der das Hefteisen angeschmolzen war. Eine runde, meist scharfkantige Narbe an der Unterseite des Glases. Bei veredelten Gläsern seit dem Barock meist ausgeschliffen und poliert.

ACHATGLAS
Ein farbig marmoriertes Glas, das aus verschiedenen transparenten und opaken Glasmassen besteht.

ARGY-ROUSSEAU, GABRIEL
Eigentlich Joseph-Gabriel Rousseau (1885-1953). Gründete Anfang des 20. Jh. ein Atelier zur Herstellung von Pâte de verre in Paris, führte nach seiner Hochzeit den Namen Argy-Rousseau, und schuf 1921 die Aktiengesellschaft 'Les Pâtes de Verre d'Argy-Rousseau'. Seit 1922 realisierte die Manufaktur Ludwig Moser & Söhne viele seiner Modelle.

ÄTZTECHNIK
Kalte Veredelungstechnik, bei der Teile der Glaswandung schichtweise mit Säure abgetragen werden.

APPLIKEN
(AUCH AUFLAGEN)
Bezeichnen sämtliche Dekorteile, die dem Werkstück aufgeschmolzen werden, z.B. Nuppen, Fäden, Schaftringe, Zierhenkel.

AVENTURINGLAS
Ein braunes, halbopakes Glas, das durch Beimengung von Kupferoxid entsteht und von feinen goldglänzenden Flitterplättchen durchsetzt ist. In der ersten Hälfte des 17. Jh. in Venedig erfunden.

BAROVIER, ARTISTI
1883 konnte durch Übernahme der Hütte Salviatis das Unternehmen „Fratelli Barovier & C." auf Murano/Venedig gegründet werden. Guiseppe und Benvenuto Barovier waren seit ca. 1910 für ihre eigenwilligen und selbst ausgeführten Mosaiktechniken bekannt.

BAROVIER & TOSO
1942 wurde die „Vetreria Artistica Barovier & C." unter dem Namen „Barovier & Toso" eingetragen. Die Produktion wurde hauptsächlich von Ercole Barovier (1889-1974) bestimmt, der 1924 in die Firma eintrat und sie seit 1936 leitete. Heute obliegt die Leitung dessen Sohn Dr. Angelo Barovier.

BEIZE
Durch Auftragen und Einbrennen von Metallverbindungen können auf der Glasoberfläche verschiedene Farben erzielt werden.

BINNENZEICHNUNG
Detailzeichnung im Innern einer schon umgrenzten Form.

BLEIKRISTALL
Glas mit hoher Lichtbrechung.

BODENKUGELUNG
Beim Entfernen der Abrißnarbe entsteht ein runder Ausschliff am Boden des Gefäßes. Besonders zur Zeit des Biedermeier war die Bodenkugelung Teil des Schliffdekors.

CABOCHON
Glasapplikation, die den Eindruck eines kleinen, wertvollen Edelsteins erwecken soll.

DAUM FRERES
1878 gründete Jean Daum (1825 – 1885) die „Verrerie de Nancy", zunächst für die Herstellung von Gebrauchsartikeln. 1887 übernahmen beide Söhne – Jean-Louis-Auguste Daum (1853 – 1909) und Jean-Antonin Daum (1864 – 1930) den Betrieb – und verlegten unter dem Einfluß der Erfolge Gallés den Schwerpunkt der Produktion auf den Kunstglasbereich.

DIAMANT-PUNKTIEREN

Mit einem Diamanten oder einer Stahlnadel wird aus vielen einzelnen Punkten ein Motiv zusammengefügt. Durch die unterschiedliche Dichte und Tiefe der Punkte kann eine hervorragende Plastizität und Tiefenwirkung erzielt werden. Kam mit der Einführung des Glasschnitts aus der Mode.

DIAMANTRISS

Mit einem Diamantsplitter, der in eine Halterung eingesetzt ist, werden in die Oberfläche des Glases Ornamente, Schriften und figürliche Darstellungen eingeritzt.

DIATRETGLÄSER

Luxusgläser der römischen Kaiserzeit mit kunstvoll hinter- und ausgeschliffenen äußeren Wandungen.

ECKENSCHLIFF

Ein Dekor, mit dem eine ursprünglich runde Wandung in mehrere ebene Flächen unterteilt werden kann.

EINSCHLÜSSE

Z.B. Farbglas, Luftblasen, auch Fremdmaterialien, die als Dekorpartien zwischen den Glasschichten liegen.

EISGLAS

Entsteht durch ein kurzes Abschrecken des noch heißen Glases in kaltem Wasser und zeichnet sich durch ein Netz unregelmäßiger, scharfkantiger Risse aus.

EMAILMALEREI

Feinstes, pulverisiertes Farbglas mit niedrigem Schmelzpunkt wird zu einem malfähigen Gemenge angerührt und mit dem Pinsel aufgetragen;

anschließend wird es bei relativ niedriger Temperatur aufgeschmolzen, wobei es sich unlöslich mit der Glasoberfläche verbindet. Es gibt opake und transparente Emailfarben.

FACETTENSCHLIFF

Kleinteiliger Flächenschliff, der ein Muster erzeugt, aber die Form und Wandung nicht verändert.

FADENAUF- UND -EINLAGE

Ein aus einem Glaskügelchen gezogener Faden wird auf das heiße Werkstück aufgelegt bzw. durch Rollen der Glasblase auf Marmor in die Wandung eingelegt.

FADENGLAS (AUCH NETZGLAS)

Durchsichtiges Glas mit eingelegten Milchglas- oder Farbglasfäden.

FARBGLAS

Durch eine Auswahl bestimmter metallischer Verbindungen, verschiedener Ofentemperaturen und unterschiedlicher Basisgläser entsteht gefärbtes Glas.

FAVRILE-GLAS

Vom englischen „fabrile" (= handgefertigt) abgeleitet; geschützte Bezeichnung von Tiffany für seine Kunstgläser.

FORMARBEIT
Arbeiten, die ohne Verwendung eines Models vor dem Ofen ausgeführt werden.

FORMSCHMELZE
Wurde im 19. Jh. als sog. Pâte de verre wiederentdeckt. Zerstoßenes Glas wird in eine zweiteilige Form gegeben und über einen längeren Zeitraum im Brennofen einer geringen Hitze ausgesetzt, damit es langsam zusammenschmelzen kann.

GALLÉ, EMILE (1846-1904)
Entwarf Glas, Keramik und Möbel und trat als Kaufmann, Botaniker, Chemiker und Schriftsteller hervor. Seit 1867 schuf er Entwürfe für Glasdesign und übernahm 1874 die künstlerische Leitung der väterlichen Glasfirma. Zwischen 1885 und 1896 arbeitete er eng mit der Glasmanufaktur Schverer & Co. zusammen, die viele seiner Entwürfe ausführte. Seit Mitte der 1890er Jahre produzierte er ausschließlich in seiner eigenen Manufaktur in Nancy.

GLAS
Eine Vereinigung aus Sand, Soda und Kalk, die bei ca. 1500° C zu einer Silikatmischung zusammengeschmolzen wird.

GLASBLASEN
Häufigste Art der Glasverarbeitung mit der Glasmacherpfeife. Dem Schmelzhafen wird ein Glasposten entnommen, aufgeblasen, in die Grundform gebracht und anschließend mit einer weiteren Glasschicht überstochen. Während der abschließenden Vorgänge wird das Glas an einem Heftstück befestigt.

GLASMACHERPFEIFE
Eine 1 bis 1,5 m lange Eisenstange mit einem Mundstück und einem hölzernen Griff. Am unteren Ende konnte durch eine kleine Erweiterung der Glasposten angebracht und durch Blasen geformt werden.

GLASVEREDELUNG
Sammelbegriff für alle Techniken, die am kalten Glas vorgenommen werden können, z.B. Schliff, Schnitt, Ätzung, Sandbestrahlung und verschiedene Malverfahren.

GOLDMALEREI
Sreichfähiges Goldpulver wird auf die Glasoberfläche aufgemalt, eingebrannt und anschließend poliert.

GRAVUR
siehe Schnitt.

HEFTEISEN
Eisenstange, die an das Werkstück angesetzt wird, um die Ausarbeitung zu ermöglichen.

HOCHSCHNITT
Ein Glasschnitt, bei dem Partien der Gefäßwandung dergestalt abgetragen werden, daß der Dekor als plastisches Relief stehenbleibt. Sehr aufwendige Technik.

HOHLGLAS
Sammelbegriff für alle dreidimensionalen Glasgefäße.

IRISIEREN
Schillern der Glasoberfläche in allen Spektralfarben. In einem kleinen Ofen (der Irisiertrommel) wird das rotglühende Glas Metalldämpfen, bzw. verdampften Metallsalzen ausgesetzt. Diese Metallteilchen setzen sich als bunt schillernder Film auf der Oberfläche ab.

IITTALA
1881 gegründete Hohlglasmanufaktur in Finnland. Wurde seit den 1940er Jahren durch hochwertiges Gebrauchsglas und Design international erfolgreich.

KÄMMEN
Mit einem Haken oder Kamm werden auf die Oberfläche aufgelegte oder eingewalzte Glasfäden zu Wellenbändern verzogen.

KOSTA GLASBRUK
1742 als älteste, noch arbeitende Glasmanufaktur Schwedens gegründet. Errang besonders zur Zeit des Jugendstils (um 1900) und in den 1950er Jahren besondere Bedeutung.

KRALIK SOHN, WILHELM
Der 1834 von Johann Meyr gegründete und wohl größte Glasbetrieb Böhmens gehörte seit 1841 mit Kaltenbach und Adolf zu Meyr's Neffe. Seit 1862 jedoch war Wilhelm Kralik alleiniger Besitzer dieser Unternehmen. 1881 mußten diese Betriebe unter vier Söhnen aufgeteilt werden, wovon Heinrich und Johann Eleonorenhain übernahmen. Sie stellten zwischen 1899 und 1905 viele Gläser mit irisierendem Effekt her.

KRISTALLGLAS
Glassorten, die aus aufbereiteten und gereinigten Rohstoffen entstehen, eine hohe Lichtbrechung besitzen und besonders klar sind.

KRÖSEL
Farbglasbrocken unterschiedlicher Größen, die in das heiße Werkstück eingearbeitet werden.

KUGELOPTIK
Ein geblasener Dekor der durch einen Model mit regelmäßigen oder unregelmäßigen Vertiefungen entsteht.

KUPPA
Gefäßteil von Stengelgläsern, Pokalen etc.

LALIQUE, RENÉ (1860-1945)
Ein vielseitiger Künstler, der sowohl Gold, Silber, Email, Edelsteine und Glas bearbeitete als auch Entwerfer für Kunsthandwerk und Maler war. Gründete 1909 die eigene Glasmanufaktur 'Verrerie de Combs-la-Ville' bei Paris und 1921 den größeren Betrieb 'Verreries d'Alsace René Lalique & Cie, Wingen-sur-Moder'. Umfangreiche maschinelle Massenproduktion hervorragender Qualität.

LEGRAS & CIE
Jean-Francois Legras übernahm 1864 die 'Verreries de Saint-Denis et de Pantin Réunies', die sich unter seinem Sohn und seinem Enkel bis 1914 zu einer in Frankreich bedeutenden Glasmanufaktur entwickelte.

LOBMEYR, JOSEF
1823 gründete Josef Lobmeyr ein Glasverlagshaus in Wien und lieferte Entwürfe für viele führende Glasbetriebe. Die Veredelungsarbeiten wurden hauptsächlich in Nordböhmen, in Steinschönau und Haida ausgeführt.

LÖTZ WITWE, JOHANN
1851 erwarben Dr. jur. Franz Gerstner und seine Frau Susanne, verwitwete Lötz, die schon 1836 gegründete Glashütte in Klostermühle, Südböhmen. 1858 wurde die Firma unter dem Namen „Johann Lötz Witwe" eingetragen. 1879 übernahm Maximilian Ritter von Spaun (1856-1909), der Enkel der Susanne Lötz-Gerstner, den Betrieb und führte ihn zu internationaler Anerkennung. Seit 1904 arbeitete das Unternehmen mit vielen Künstlern, vor allem aus dem Wiener Kreis, zusammen. 1911 mußte der Konkurs angemeldet werden. 1913 wurde ein weiterer Versuch unter dem Namen „Lötz Witwe GmbH" gestartet, 1939 aber ein Konkursverfahren eingeleitet. 1947 Einstellung der Produktion.

LÜSTERFARBEN
Mit dem Pinsel auftragbare, harzsaure Metallsalze, die oxidierend eingebrannt werden und metallische Oberflächeneffekte erzielen.

MARTELÉSCHLIFF
Hammerschlagschliff, der die Oberflächenstruktur eines gehämmerten Metalls erzielt. Vorwiegend von den Daum Frères in Nancy benutzt.

MATTIEREN
Aufrauhen der Oberfläche durch Flußsäure, Ätztinte oder Sandstrahltechnik.

METALLFOLIENEINSCHLÜSSE
In die Gefäßwandung eingebettete, hitzebeständige Folien, meist aus Gold oder Platin.

MEYR'S NEFFE
In den Jahren 1814 bis 1816 gründete Josef Meyr die Adolfhütte, die seit 1841 zur Firma Meyr's Neffen gehörte. Seit 1862 oblag die Leitung Wilhelm

Kralik, und 1922 übernahm Ludwig Moser & Söhne das Unternehmen. Das wohl hochwertigste Kristallglas in Böhmen entstand unter diesem Namen.

MILLEFIORI-TECHNIK

auch Mosaikglas. Einzelne, gebündelte Glasstäbchen, deren Querschnitt eine unterschiedliche Ornamentik ergibt, werden in dünne Scheibchen geschnitten und zu einem bunten Muster zusammengesetzt.

MODEL

Eine feucht gehaltene Holz- oder Gußeisenform, in die das noch ungeformte Glas geblasen wird.

MODELBLASEN

auch Formblasen. Das heiße Glas wird in einem offenen oder einem mehrteiligen, geschlossenen Model ausgeblasen, so daß sich die Glasmasse der Form des Models anpaßt. Die Nahtstellen bei mehrteiligen Modeln bleiben meist deutlich erkennbar.

MOSER & SÖHNE, LUDWIG

1857 gründete der Glasschneider und -händler Ludwig Moser (1833-1916) eine Veredelungswerkstatt in Karlsbad. 1893 wurde eine Hohlglashütte angeschlossen und 1922 zusätzlich der wohl für

den Betrieb wichtigste Rohglaslieferant Meyr's Neffe aufgekauft.

MULLER FRERES

1895 gründete die Familie Muller die 'Grandes Verreries de Croismare et Verrerie d'Art Muller Frères Réunies' bei Nancy. In den 1920er Jahren zählte das Unternehmen zu den erfolgreichsten der Region, mußte aber 1936 geschlossen werden.

NADELÄTZUNG

In das mit einem Schutzlack überzogene Glas werden Ornamente mit einer Nadel eingeritzt. Nach einem Säurebad sind die feinen Striche und Linien auf der Glasoberfläche eingeätzt. Häufig für Signaturen und Binnenzeichnungen verwendet.

NODUS

lat. für Knoten. Verdickung am Schaft des Glases.

NUPPEN

Runde, aufgeschmolzene Glasstücke, oft in verschiedenen Farben und mit ausgezogener Spitze.

NUUTAJÄRVI NOTSJÖ

1793 in Finnland gegründete Hohlglasmanufaktur. Schuf in den 1950er Jahren mit verschiedenen Designerpersönlichkeiten wegweisendes Gebrauchs- und Kunstglas.

OPAKES GLAS
Lichtundurchlässiges oder auch nur schwach transparentes Glas.

OPALGLAS
Halbopake oder opake, da mit Trübungsmittel versetzte Gläser.

OPTISCHES BLASEN
siehe auch Modelblasen. Der Glasblase wird in einem offenen Model ein Muster, zumeist einfache Rillen oder ähnliches, aufgeprägt. Anschließend wird das Gefäß frei ausgeblasen. Oft wird das aufgeprägte Muster spiralenartig verformt oder anderweitig umgestaltet.

ORREFORS GLASBRUK
1913 in Schweden gegründet. Erreichte unter der künstlerischen Leitung Simon Gates (1883-1945) und Edward Halds (1883-1980) in den 1920er Jahren internationalen Ruf. Namhafte Designer arbeiteten für Orrefors.

PALLME-KÖNIG & HABEL, GEBRÜDER
1786 gründete Ignaz Pallme-König in Steinschönau einen Glasbetrieb, der 1889 mit der von Wilhelm Habel geleiteten Elisabethhütte vereinigt worden ist. Geschliffene Kristallgläser, die oft mit Glasfäden umsponnen waren, und irisierte Gefäße wurden hergestellt.

PATE DE VERRE
siehe auch Formschmelze. Formbares Glaspulver wird in einen Negativmodel gedrückt und bei relativ niedrigen Temperaturen verschmolzen. Der Vorteil besteht darin, daß Farben und Formen kalkulierbar bleiben. Meist werden für Hohlgläser Außen- und Innenmodelle benutzt.

PETERSDORFER GLASHÜTTE FRITZ HECKERT
1866 gründete Fritz Heckert (gest. 1890) im Riesengebirge in Schlesien eine Glashütte mit Veredelungsbetrieb. Zwischen 1870 und 1900 wurden in einer umfangreichen Produktionspalette vorwiegend antike, altdeutsche, orientalische und venezianische Gläser kopiert und mit Emailmalerei verziert.

POSCHINGER, FERDINAND BENEDIKT VON
1856 wurden die Hütten der Familie Poschinger in Zwiesel und dem Bayerischen Wald aufgeteilt. Ferdinand Poschinger erhielt u.a. die Hüttenwerke in Buchenau. Er schuf in der Epoche des Jugendstils besonders hochrangiges Gebrauchs- und Luxusglas.

PRESSGLAS
Unter hohem Druck wird die heiße Glasmasse in eine Metallform gepreßt.

PULVERAUF- UND -EINSCHMELZUNGEN:
Farbiges, pulverisiertes Glas wird auf das heiße Werkstück gestäubt oder gewalzt und bleibt als stumpfer Belag haften. Oft verwendet von den Daum Frerès in Nancy und Schneider in Epinay-sur-Seine.

REDUKTION
Die in der Glasschmelze enthaltenen Metalloxide werden durch Entzug von Sauerstoff in ihre metallische Ausgangsform zurückgeführt.

REDUKTIONSFARBEN
Eine aufgemalte Beize, die, reduzierend aufgebrannt, metallisch schimmernde Effekte erzielen kann.

RELIEFÄTZUNG
Auf dem Glas werden durch Asphaltlack, Paraffin oder Wachs die Stellen abgedeckt, die nach dem Ätzbad erhaben erscheinen sollen. Die nicht geschützten Partien werden schichtweise abgetragen.

RINDSKOPF'S SÖHNE, JOSEF
Die 1858 gegründete Glashütte 'Fanny' und die 1890 gegründete Hütte 'Josef' waren um 1900 auf dem Gebiet der irisierten Gläser die Hauptkonkurrenten der Manufaktur Lötz Witwe.

SANDKERNTECHNIK
Technik aus dem 2. Jahrtausend v.Chr. Ein Kern aus Lehm oder Sand wurde auf einen Metallstab ge-

steckt und wohl in die heiße Glasmasse einge-
taucht, so daß die Form des Kerns der späteren In-
nenform des Gefäßes entsprach. Eine weitere Mög-
lichkeit ist, daß heiße Glasfäden um diesen Kern
gewickelt worden sind. Nach dem Erkalten des
Glases wurde der Sand herausgekratzt; dies gelang durch die zumeist engen Öffnungen der Gefäßen nicht vollständig.

SANDSTRAHLVERFAHREN

Unter hohem Druck wird scharfkörniger Sand auf
das Glas geblasen. So kann die Oberfläche mattiert werden oder mittels einer Schablone ein Dekor
entstehen.

SCHLIFF

Die Glasoberfläche
wird durch rotierende
Scheiben bearbeitet.
Es werden zwei Ar-
beitsvorgänge unter-
schieden: das Vor-
reißen, der Grob-
schliff, und das
Reißen, der Feinschliff.
Anschließend wird
entweder per Hand
oder mit Säure nach-
poliert.

SCHNEIDER, VERRERIES

Der ehemalige Geschäftsführer der Daum Frères,
Ernest Schneider, gründete 1909/1910 in Epinay-
sur-Seine einen eigenen Glasveredelungsbetrieb.
1918 übernahm der jüngere Bruder Charles Schneider (1881-1953) die Kunstglasproduktion, und der
Betrieb wurde neben Lalique und den Daum Frères
zu einer der führenden Firmen in Frankreich. 1962
Verlegung nach Lorris/Loiret und 1981 Einstellung
des Hüttenbetriebes.

SCHNITT

oder auch Gravur. Die
Glasoberfläche wird
durch kleine rotierende
Metallrädchen, die mit
geöltem Schmirgelpul-
ver versehen sind, ver-
ziert. Der Dekor kann
dann matt gelassen
werden (Mattschnitt)
oder auch auspoliert
werden (geblänkter
Schnitt) – vergl. auch
Hoch- (in cameo) und
Tiefschnitt (intaglio).

SCHWARZLOTMALEREI

Schwarze Farbe, die aus pulverisierten und verflüs-
sigtem Eisenhammerschlag besteht und nach dem
Aufbringen auf die Glasoberfläche eingebrannt
werden muß. Diese Malerei wurde oft der Wirkung
wegen mit Gold gehöht. Sehr beliebt zur Zeit des
Biedermeier.

SILBERGELB

Durch Beize erzieltes Färben des Glases mit Silber-
nitrat.

SILBERGLAS

Durch hohen Silberanteil werden bei der Schmelze
hochglänzende Irisierungen möglich.

STEINELSCHLIFF

Ein Dekor, der aus vielen, sich in einem bestimmten
Winkel durchschneidenden kleinen Rillen besteht.

THERESIENTHALER KRYSTALLFABRIK

1836 gründeten Franz und Wilhelm Steigerwald
bei Zwiesel im Bayerischen Wald eine Hohlglashütte mit Veredelungsbetrieb.
Seit 1861 war das Unternehmen im Besitz der Familie Poschinger. Der Betrieb wurde im Bereich der
historisierenden Gläser im altdeutschen und venezianischen Stil im Laufe des 19. Jahrhunderts
führend und schuf um 1900 sehr gutes Jugendstilglas, vor allem Trinkgläser.

TIEFSCHNITT

Die Dekorpartien werden in die Glaswandung eingearbeitet.

TIFFANY, LOUIS COMFORT (1848-1933)

Entwerfer für Inneneinrichtungen, Glas und Kunsthandwerk, und Maler. Gründete 1885 die „Tiffany
Glass Company New York" in Brooklyn und 1892
die größere Manufaktur „Tiffany Glass and Decora-
tion Company New York" in Corona, Long Island.
Seit 1894 sind seine Ziergläser unter dem eingetra-
genen Handelsnamen „Tiffany Favrile Glass" ver-
trieben worden. 1919 zog sich Tiffany aus seinen
Firmen zurück, 1924 wurde die Produktion einge-
stellt und 1932 waren die Firmen bankrott.

ÜBERFANGGLAS

Besteht aus mindestens zwei übereinander liegen-
den, mehrfarbigen Schichten.

UNTERFANG

Farbige Glasschicht auf der Innenseite der Gefäßwandung.

VENINI, PAOLO

1921 gründete Paolo Venini (1895-1959) mit Gia-
como Cappellin die „Vetri Soffiati Muranesi Cap-
pellin-Venini & C.". Vier Jahre später trennten sich
die beiden und Venini gründete 1925 die „Vetri
Soffiati Venini & C.", deren künstlerischer Leiter Na-
poleone Martinuzzi war. Diese Hütte entwickelte
sich zur wohl erfolgreichsten Kunstglasmanufaktur
Muranos. Schwerpunkt der Produktion lag auf neu-
zeitlichen Formen. Man arbeitete mit vielen Künstlern aus dem In- und Ausland zusammen.

ZWISCHENSCHICHTDEKOR (AUCH GRAAL-TECHNIK)

Bei Gefäßen mit doppelter Wandung können zwischen den Schichten in kalter Technik Dekore aufge-
bracht, anschließend die Schichten miteinander verschmolzen und die Fugen abgedichtet werden.

ABKÜRZUNGEN

B	Breite
ber.	berieben
besch.	beschädigt
best.	bestoßen
bez.	bezeichnet
Bez.	Bezeichnung
dat.	datiert
Dat.	Datierung
Durchm.	Durchmesser
gem.	gemarkt
gesch.	geschartet
H	Höhe
L	Länge
o. G.	ohne Garantie
restaur.	restauriert
Restaur.	Restaurationen
sign.	signiert
Sign.	Signatur
SP	Schätzpreis
T	Tiefe
tlg.	teilig

ÄTZTECHNIK	Dr. Fischer Heilbronn		DM	5400,–/DM 5000,–
APPLIKEN	Wiener Kunstauktionen		DM	8570,–
BEIZE	Dr. Fischer Heilbronn		DM	5300,–
DIAMANTPUNKTIEREN	Dr. Fischer Heilbronn	Aufruf	DM	3500,–
EINSCHLÜSSE	Dr. Fischer Heilbronn	Aufruf	DM	21.000,–
EMAILMALEREI	Dr. Fischer Heilbronn	Aufruf	DM	3800,–
FADENGLAS	Dr. Fischer Heilbronn	Aufruf	DM	3800,–/DM 2800,–
FORMARBEIT	Wiener Kunstauktionen		DM	7140,–
GOLDMALEREI	Dr. Fischer Heilbronn		DM	7500,–
KÄMMEN	Dr. Fischer Heilbronn	Aufruf	DM	37.000,–
KRÖSEL	Dr. Fischer Heilbronn	Aufruf	DM	2800,–
KUGELOPTIK	Dr. Fischer Heilbronn		DM	15.000,–
MILLEFIORITECHNIK	Ketterer München	Aufruf	DM	14.000,–
MODELBLASEN	Wiener Kunstauktionen	Aufruf	DM	9285,–
NODUS	Dr. Fischer Heilbronn	Aufruf	DM	17.000,–
NUPPEN	Dr. Fischer Heilbronn	Aufruf je	DM	7500,–
OPALGLAS	Dr. Fischer Heilbronn	Aufruf	DM	6200,–
PATE DE VERRE	Wiener Kunstauktionen	Aufruf	DM	8570,–
REDUKTIONSFARBEN	Wiener Kunstauktionen		DM	28.570,–
SCHLIFF	Dr. Fischer Heilbronn		DM	3500,–
SCHNITT	Dr. Fischer Heilbronn		DM	3300,–
TIEFSCHNITT	Dr. Fischer Heilbronn		DM	370,–/Aufruf DM 480,–/Aufruf DM 800,–
VENINI	Dr. Fischer Heilbronn	Aufruf	DM	12.000,–/Aufruf DM 10.000,–

HINWEIS

Aufgrund der Bildvorgabe durch die Auktionshäuser sind die Exponate vereinzelt nicht exakt der Epoche, unter der sie aufgeführt sind, zuzuordnen.

BANGERT, ALBRECHT
Die 50er Jahre. Möbel und Ambiente. Design und Kunsthandwerk, München 1990.

BANGERT, ALBRECHT / FAHR-BECKER, GABRIELE
Art Deco. Möbel und Glas. Schmuck und Malerei, München 1992.

DOLZ, RENATE
Glas. Von den Anfängen bis zur Glaskunst der 50er Jahre, München 1994.

EICHENAUER, DOROTHEA
Gebrauchsglas des 20. Jahrhunderts, München 1995.

GLOCKER, WINFRID
Glas. Technikgeschichte im Deutschen Museum, München 1992.

HILSCHENZ-MLYNEK, HELGA / RICKE, HELMUT
Glas. Historismus - Jugendstil - Art Déco, München 1985.

LUTZEIER, SABINE
Modernes Glas von 1920-1990, Augsburg 1993.

PAZAUREK, GUSTAV E. / SPIEGL, WALTER
Glas des 20. Jahrhunderts. Jugendstil, Art Déco, München 1983.

RICKE, HELMUT
Glaskunst. Reflex der Jahrhunderte, München 1989.

SPIEGL, WALTER
Glas. Vom 15. Jahrhundert bis 1930, Augsburg 1995.

WEISS, GUSTAV
Ullstein Gläserbuch. Eine Kultur- und Technikgeschichte, Frankfurt 1966.

LITERATURVERZEICHNIS

DM 75,– **VASE**

um 1840, eiförmig mit kurzem Schaft, gewellte Lippe, opalfarbenes Glas, H 25 cm.

DM 200,– **VASE**

wohl WMF, um 1930, eiförmig mit Trompetenhals, gelbes Glas, gold bis violett irisierend, blauer Scheibenfuß, H 25,5 cm.

DM 120,– **PAAR VASEN**

Ende 19. Jh., gebauchte Wandung 6-fach facettiert, gewellter Rand, schwarzes Glas mit Reliefdekor, H 20,5 cm. (Dannenberg, Berlin, 23.3.96)

DM 90,– **AUFSATZSCHALE**

19. Jh., farbloses bis opalfarbenes Preßglas mit reliefierten Zweigen, H 13 cm.

DM 70,– **FUSS-SCHALE**

1830–1840, Schale mit gewellter Lippe auf Balusterschaft, blaues Glas, Wandung mit Emailranke, H 11,5 cm.

DM 40,– **ANBIETSCHALE**

1830–1840, gefußt, opalfarbenes Glas mit weiß emaillierten Blüten, H 11 cm, Durchm. 11,5 cm.

DM 440,– **RANFTBECHER**

um 1830, 8-fach facettierte Wandung, Lippenrand und Fuß mit emaillierten Punkten, Blüten und Rocaillen, H 12,5 cm. (Dannenberg, Berlin, 7.12.96)

DM 180,– TUMMLER
Böhmen, um 1840, Faustbecher mit reichem Zierschliff, rot, blau und gelb lasiert, mit Sinnspruch „Trink mich aus und leg mich nieder, steh ich auf so fill mich wieder", H 7,8 cm.
(Zeller, Lindau, 6.–7.12.96)

DM 220,– FLAKON
um 1860, rötlich lasierter Flakon mit bunter Emailfarbenmalerei und Goldhöhung, H 17 cm.

DM 360,– PORTRAITVASE
um 1860, grün lasiertes Glas mit zentralem Portraitmedaillon der Sophie von Bayern, teils goldgehöht, H 32 cm.
(Hampel, München, 12.4.97)

DM 220,– HUMPEN
19. Jh., facettierter, sich nach oben verjüngender Humpen, mit Waldlandschaft dekoriert, Zinndeckel, H 18 cm.
(Hampel, München, 27.–28.9.96)

DM 220,– **FUSS-SCHALE**

Böhmen, um 1840, kobaltblaues Glas mit weiß/goldenem Weinlaub und Traubendekor, Schale auf getriebenem Silberfuß mit Blattdekor und Rosettenstand, H 17 cm, Durchm. 20 cm.

DM 220,– **FUSS-SCHALE**

Böhmen um 1850, farbloses Glas mit rubinroter Lasur und reichem Schnitt-dekor, Rocaillen- und Netzwerk mit Architekturlandschaften und Jagds-zenen, sog. „Egermanndekor", Durchm. 22 cm.
(Bergmann, Erlangen, 18.5.96)

DM 240,– **ANDENKENPOKAL**

1838, Kuppa mit 5 geschliffenen Medaillons, darin „Ansichten aus Teplitz", farbloses Glas, H 16 cm.

DM 150,– **KARAFFE**

und 4 Likörgläser, um 1925, rauchfarbenes Glas mit figürlichem Milchglasschaft „Frauenakt", H 23 bzw. 11,5 cm.

DM 150,– **HENKELBADEBECHER**

um 1850, facettierte Zylinderwandung mit geschliffener Ansicht „La Maison de Ville", farbloses Glas mit Rotätze, Maßeinteilung, Henkelansatz mit Fehler, H 11 cm.

DM 130,– **HENKELBECHER**

um 1850, gefußt, farbloses Glas, geschliffene Ansicht „Kursaal in Ems", teils mit Rotätze, H 11,5 cm.

DM 130,– **HENKELBECHER**

um 1850, facettierte Zylinderwandung, farbloses Glas, teils rotgeätzt, mit Maßeinteilung und Ansicht „Kursaal", Boden mit Sternschliff, H 9,5 cm.
(Dannenberg, Berlin, 7.12.96)

DM 270,– PETROLEUMLAMPE

Fuß aus dunkelviolettem Abrißglas mit gerilltem Stand und facettiertem Schaft, balusterförmiger Ölbehälter aus farblosem, facettiertem Glas, Messingmontierug, weißer Milchglasschirm, H 50 cm.
(Bergmann, Erlangen, 7.12.96)

DM 275,– KARAFFE

Wien, Mitte 19. Jh., balusterförmig, mit eingeschliffenem Stöpsel, matt mit Weinlaub- und Punktdekor bemalt, mit Zinnemailmedaillon, darauf feine, bunte Blütenmalereien, Goldstaffage, H 16 cm.
(Zeller, Lindau, 6.–7.12.96)

DM 300,– VASE

Böhmen, um 1860, farbloses Abrißglas mit rubinroter Lasur, verziert mit Rocaillen- und Blütendekor in ockerfarbenem Email, gold staffiert, teilweise geätzter Dekor, runder Hohlfuß, Spannungsriß, H 30 cm.
(Bergmann, Erlangen, 7.12.96)

DM 330,– LIKÖRKARAFFE

und 6 Fußbecher, Böhmen, Mitte 19. Jh., farbloses, facettiertes Glas mit Rubinätze und Schliffdekor, Becher über 6-eckigem Stand, auf den Wandungen erhaben geschliffene und gesteinelte Medaillons, 2 x leicht best., H der Karaffe 22,5 cm, H der Becher 9 cm.
(Bergmann, Erlangen, 9.3.96)

DM 360,– KARAFFE

um 1860, facettierter Korpus, rubinrot gebeiztes Kristallglas, mit floralem Rocaillen-Rankwerk im Renaissance-Stil, gelbe Emailmalerei mit goldener Feinzeichnung, am Henkelansatz Spannungsriß mit Anschlag, H 30 cm.

SP DM 750,– VASE

Böhmen, gelbliches Uranglas, Wandung mit aufwendigem Kerbschnitt verziert, dichte gelb-goldene Rocaillen und farbige Blüten in Emailmalerei, Randbest., H 20 cm.

DM 150,– SMARAGDGRÜNER RANFTBECHER

wohl um 1860, 8-passige, profilierte Wandung mit Resten einer Goldbemalung, leicht best., H 12,5 cm.

DM 340,– BEMALTE SCHALE

Glasfabrik MM Karlsbad, sign., ovale, weiß überfangene Schale mit herausgeschliffenen Rocaillen, weiße Zierfelder mit Rosenzweigen und Goldlinien, 8 x 16 cm.

DM 340,– RUBINGLASSCHALE

28-fach gerippte Wandung mit geschliffener und vergoldeter Kante, mit Goldlinien gegliedert, Bemalung leicht ber., 1 Chip am Rand, H 11 cm, Durchm. 22 cm.

DM 180,– ZUCKERSCHALE

wohl Ende 19. Jh., optisch gerippte Schale, Scheibenfuß mit Abriß, Kobaltglas, am Rand weißer Emailglassaum, H 10 cm.
(Wendl, Rudolstadt, 14.–15.3.97)

DM 400,– FUSSKELCH
....
Böhmen, Mitte 19. Jh., rubinroter
Überfang mit Spitzbogenschliff, teils
optisch gekugelt, goldene Rocaillen-
bemalung, H 14,5 cm.

DM 440,– FREUNDSCHAFTSBECHER
....
Böhmen, um 1840, facettierte Wandung und tulpenförmige Kuppa, rubiniert, mit mattgeschnittener Reserve, darin Allegorien der Gesundheit,
des Glücks und der Freude, H 11,5
cm.

DM 400,– FUSSBECHER
....
Böhmen, Mitte 19. Jh., rubiniert, mit
Blankschliff und pastosen Blattro-
caillen verziert, H 14 cm.
(Zeller, Lindau, 6.–7.12.96)

DM 440,– FUSSKELCH
....
Böhmen/Schlesien, 19. Jh., hochgezogene Kuppa, oktogonal facettiert,
umlaufende Jagdszene in Waldlandschaft mit Rotwildherde und Zehnen-
der in Mattschnitt, H 22 cm.
(Zeller, Lindau, 6.–7.12.96)

DM 450,– FUSSBECHER
....
Wien/Böhmen, um 1840, rubinierte Kuppa mit Palmetten, Ranken und
Akanthus in pastoser Silber- und Goldbemalung, goldene Lippe, H 13 cm.
(Zeller, Lindau, 6.–10.5.97)

DM 495,– EMAILGLASFLASCHE

Deutschland, um 1800, oktogonaler Stand mit Zinnschraubverschluß,
polychrome florale Bemalung in Emailfarben, H 14,5 cm.
(Zeller, Lindau, 6.–7.12.96)

DM 500,– HENKELKRUG

Böhmen, Mitte 19. Jh., facettierte Wandung mit Sternboden und profilier-
ten Längsrillen, farbloses Glas mit rotem Innenüberfang, als Dekor matt
geschnittene Felsansichten um Aldersbach, silberner Deckel, H 19 cm.
(Zeller, Lindau, 6.–7.12.96)

DM 520,– JAGDBECHER

Böhmen, um 1840, in Ranftbecherform, facettierte Wandung mit reichem
Bastionsschnitt, teilweise violett lasiert, mit Jagddarstellung in Matt- und
Blankschnitt, optisch gekugelte Reserve, H 13 cm.
(Zeller, Lindau, 6.–7.12.96)

DM 550,– SCHENKKANNE

Böhmen, um 1830, grünes Glas mit Blüten und Blattwerk in pastoser Gold-
und Silberbemalung, H 13,5 cm.
(Zeller, Lindau, 6.–7.12.96)

DM 580,– FLACON
Gräfl. Buqouysche Glashütte, Südböhmen, um 1830, schwarzes, facettiertes Hyalithglas mit Goldbemalung, Blüten- und Insektendekor, Tellermündung und Stöpsel vergoldet, leicht best., H 8 cm.
(Bergmann, Erlangen, 8.3.97)

DM 650,– BECHER
Friedrich Egermann, Haida, um 1840, farbloses Glas, im Boden Kerbschliffkranz und Mittelkugel mit Blumenbukett, auf der Wandung Kugelungen mit Blumen, in den gelbgebeizten Zwischenfeldern Schwarzlotmalerei, Lippenrand mit Sprung, H 12 cm.

DM 1600,– FUSSBECHER
Friedrich Egermann, Haida, um 1840, farbloses, partiell silbergelb gebeiztes Glas, konische Wandung mit Kugelungen, darin Fische und Insekten in bunter Emailmalerei und Schwarzlot, H 12,5 cm.

DM 1200,– BECHER
Böhmen, um 1845, farbloses Glas, Bodenschliffstern, geschälte Wandung mit Blütenbordüre in buntem Transparentemail, H 13 cm.
(Dr. Fischer, Heilbronn, 22.3.97)

DM 700,– 6 GLÄSER
Ende 18. Jh., facettierte Wandung, mit Goldmalerei dekoriert, ineinander stapelbar, mit Rundetui.
(Hampel, München, 12.4.97)

DM 710,– BECHER
....
Harrach'sche Hütte, Neuwelt, Böhmen, um 1830, farbloses, rubinrot überfangenes Glas mit abgesetztem Sockel und Bodenstern, Wandung mit go-
tisierendem und poliertem Schliffdekor, Felder mit Gitterdekor und Steinelschliff, minimale Spannungsrisse, H 11 cm.
(Wiener Kunstauktionen, Wien, 11.–12.6.96)

DM 720,– OPALINWALZKRUG
....
Süddeutschland/Schweiz, frühes 19. Jh., Opalinglas mit stilisierten Blüten,
zinngefaßter Fußring und Zinndeckel mit Balusterdrücker, bez. „M. Gart-
mayr", H 20,5 cm
(Zeller, Lindau, 6.–10.5.97)

DM 720,– SCHWARZER HYALITHKELCH
....
Böhmen, um 1850, Fußbecher mit facettiertem Korpus, abgesetzter Lippe
und geschweiftem Fuß, als Dekor Silberranken, Blüten und Akanthus, H
12,5 cm.
(Zeller, Lindau, 6.–10.5.97)

DM 750,– HANDWERKSBECHER
....
Riesengebirge, um 1800, frontal in Mattschnitt ein Seiler bei der Arbeit,
vergoldeter Lippenrand, H 12 cm.
(Dr. Fischer, Heilbronn, 19.10.96)

DM 860,– KÄSEGLOCKE

Wien, Mitte 19. Jh., Glasglocke mit Rillen- und Medaillonschliffen und Metallknauf, Glasteller mit Strahlenschliffen, Metallteller mit reliefiertem Kammdekor und 3 Kartuschen sowie 6 Knopfhalterungen, 1 Knopf erneuert, H 14 cm, Durchm. 23 cm. (Dorotheum, Wien, 27.2.96)

DM 860,– SOCKELBECHER

Böhmen, um 1845, ausladende Wandung mit goldener Lippe, kobaltblauer und weißer Überfang mit Schälschliffen und Goldmalerei, Bodenkugelung, ber., H 12,5 cm.

DM 715,– SOCKELBECHER

Böhmen, um 1845, farbloses Glas mit kobaltblauem und weißem Überfang, Stern- und Schälschliffe, Stand mit Rillenschliffen, Lippe minimal beschl., minimal beschl., H 11,5 cm. (Dorotheum, Wien, 27.2.96)

DM 880,– PAAR ALABASTERBECHER

Böhmen, um 1840, (li. und re.) facettierte Kuppa mit gemuschelten Reserven, pastose, silberne Lorbeerbemalung und reiche Goldstaffage, H 14 cm.

DM 770,– FUSSBECHER

Böhmen, um 1835, blaues Alabasterglas, geschweifter Fuß mit Bodenstern, facettierte Wandung, erhöhte Reserven mit reicher Silberbemalung, Golddekor und -staffage, H 16,5 cm.
(Zeller, Lindau, 6.–7.12.96)

DM 900,– ENGHALSKRUG

Deutschland, 18. Jh., mit Zinndeckelmontierung, matt geätzter Dekor eines springenden Hirsches, Gravur wohl später entstanden, H 28 cm.
(Zeller, Lindau, 6.–10.5.97)

DM 900,– SPOTTBECHER

auf Napoleons Niederlage, Isergebirge, um 1815, leicht grünliches Glas, Bodenschliffstern und Monogramm „G", unterer Teil der Wandung mit Bogenfacetten und geschliffenen Feldern, darauf Landschaftssockel mit Napoleon und Infanterist, H 11,5 cm.
(Dr. Fischer, Heilbronn, 19.10.96)

DM 900,– FUSSBECHER

mit Perlenmanschetten, Böhmen, um 1840, farbloses Abrißglas mit umlaufender Perlenmanschette aus farbiger Stickerei, einige Perlchen fehlen, H 18 cm, Durchm. 10 cm.

DM 300,– BECHER

mit Perlenmanschette, Böhmen, um 1840, Manschette mit bunter, floraler Stickerei zwischen Ornamentborten, Bodenstern, Lippe mit Silbermontierung, 1 Schadstelle, H 10 cm, Durchm. 7,5 cm.
(Bergmann, Erlangen, 7.12.96)

DM 950,– MILCHGLASHUMPEN

um 1790-1800, konischer Humpen mit Bandhenkel, mit Blumenkartusche, Amor und Bez. „ANDENKEN" dekoriert, Zinnmontur, H 17 cm.
(Hampel, München, 27.–28.9.96)

DM 960,– 4 RÖMER
Deutschland, 1. Hälfte 19. Jh., runder Fuß, zylindrische Schäfte mit Nuppen, russisch grünes Glas, H 11,5 cm.
(Zeller, Lindau, 6.–7.12.96)

DM 1000,– BECHER
Johann Zich, Joachimsthal, um 1830, grünes Opalglas, passiger Fußrand, facettierte Wandung mit erhabenen Ovalmedaillons, H 10,5 cm.
(Dr. Fischer, Heilbronn, 29.6.96)

DM 1000,– BECHER
Böhmen, um 1845, annagrünes Glas, Stand mit differenziertem Schliffdekor, Wandung mit Kugelungen, darin in Gold- und Emailmalerei Vögel, Insekten und Zweige, H 11,5 cm.

DM 1600,– BECHER
Friedrich Egermann, Haida, um 1840, farbloses Glas, am Ansatz gebauchte Wandung mit Facetten- und Kugelschliff, als Dekor violette Blumen im Flachschnitt auf mattiertem Grund und Fische in Gelbbeize, H 13,7 cm.

DM 4500,– BECHER
Böhmen, um 1840, annagrünes Glas, Standwulst mit erhabenen Halbbögen und Steinelschliff, facettierte Wandung mit Blüten und Blattranken in pastoser Gold- und Silbermalerei, H 11,5 cm.
Dr. Fischer, Heilbronn, 22.3.97)

DM 1140,– KARAFFE

Böhmen, Mitte 19. Jh., farbloses Glas mit rosa und weißem Überfang, Wandung mit polygonalem Halsring, bauchiger Korpus, goldene Punktmalereien und versch. Schliffmotive mit bunten Blumenranken, H 22,5 cm.

DM 860,– POKAL

Böhmen, Mitte 19. Jh., farbloses Glas mit rosa und weißem Überfang, versch. Schliffmotive und Goldmalereien, Goldrand ber., H 14,5 cm. (Dorotheum, Wien, 25.2.97)

DM 1200,– MEDIZINERBECHER

wohl Böhmen, um 1850, Kuppa mit hochgeschliffenen und gelb gebeizten Medaillons, 16-fach gebogter Fuß, Bodenstern, Kristallglas, in Matt- und Tiefschnitt antikisierende Darstellung eines Mannes, bez. „Gesundheit verlängere Ihr Leben", rückseitig Ring mit 9 Linsen, minimal best., H 13,5 cm.

DM 550,– DECKELPOKAL

Böhmen, wohl 2. Hälfte 19. Jh., hoher Kelch mit 4 Medaillons, Bodenstern, Kelch silbern und Medaillons gelb gebeizt, Blütenkörbe in Matt- und Tiefschnitt, seitliche Medaillons mit Waffelschliff, H 22 cm.

DM 390,– ANSICHTENBECHER

Böhmen, 2. Hälfte 19. Jh., auf mit Wülsten verziertem Sockel konischer Becher, Bodenstern, gelb gebeizte Wandung, in Mattschnitt Ansicht einer Gebirgskette sowie zwei Städteansichten, bez. „Schneekoppe, Teiche, Kynast, Hirschberg" und „Warmbrunn", H 11,2 cm.
(Wendl, Rudolstadt, 22.–23.3.96)

DM 1140,– **FUSSBECHER**

mit Monogramm, Böhmen, um 1840, hellblaues Alabasterglas, facettierte Wandung, Golddekor, bunte Streublumen und goldene Blätter, Monogramm „Ph." und „H.", vielpassiger Stand mit Strahlenschliff.

SP DM 860,– **FUSSBECHER**

Böhmen, um 1840, farbloses Glas mit kobaltblauem und weißem Überfang, Golddekor und Kugel- und Schälschliffe, Bodenkugelung, minimal ber., H 13 cm.
(Dorotheum, Wien, 25.2.97)

DM 1140,– **RANFTBECHER**

mit Deckel und Unterteller, Böhmen, um 1835, farbloses, blau überfangenes Glas mit schmalen, hochgeschliffenen Zungen, facettierte Wandung, silberner Deckel und Unterteller mit reliefiertem Floraldekor, gemarkt, Meisterzeichen „STM", H des Glases 11,5 cm, Durchm. des Tellers 15,8 cm, Silbergewicht 254 g.

DM 710,– **POKAL**

Friedrich Egermann, Haida, um 1830, farbloses, rosa, lila und blau lasiertes Glas, facettiert geschliffene Kuppa, radierter Dekor, ein hochgeschliffenes blankes Medaillon, Sockel minimal geschartet, H 17,6 cm.
(Wiener Kunstauktionen, Wien, 11.–12.6.96)

DM 1200,– **SCHNAPSHUND**

Deutschland, 18./19. Jh., auf 4 Beinen mit s-förmigem Schwanz, horizontal gerippt, mit Zinnschraubverschluß, L 15 cm.
(Zeller, Lindau, 6.–10.5.97)

DM 1200,– BAROCKHUMPEN
18. Jh., farbloses Glas mit reichem Schliffdekor, Zinndeckel, H 20 cm.
(Hampel, München, 6.–7.12.96)

DM 1300,– KRISTALLGLASDOSE
um 1820, quadratische, seitlich kannelierte Dose mit vergoldeter
Bronzemontur, H 13 cm.
(Hampel, München, 12.4.97)

DM 1350,– LIKÖRSERVICE
Deutschland, Anfang 19. Jh., Karaffe mit 9 Likörkelchen auf Tablett, Kelche mit quadratischem Fuß und facettiertem Schaft, umlaufend matter und glänzender Schnittdekor aus Blüten und Blattwerk, Tablett mit geripptem Rand und mittig gesetzter Karaffe mit eingeschliffenem Stöpsel.
(Zeller, Lindau, 6.–10.5.97)

DM 1430,– SOCKELBECHER

Böhmen, um 1840, tonnenförmige Wandung, vielpassiger Sockel, glatte und geschliffene Felder, im Medaillon buntgemalte Ruinenlandschaft, H 10,5 cm.
(Dorotheum, Wien, 25.2.97)

Je DM 1430,– 2 SOCKELBECHER

Böhmen, Mitte 19. Jh., farbloses Glas mit facettierter Wandung, feiner Golddekor, grüner, transparenter Überfang auf Facetten-, Rillen- und Medaillonschliffen, Bodenkugelung, H 12,5 cm; farbloses Glas mit türkisem und weißem Überfang, versch. Schliffmotive u.a. Blattranken, darin feine Goldmalerei, Rand minimal best., H 12 cm.
(Dorotheum, Wien, 25.2.97)

DM 1430,– SCHALE

Harrach'sche Hütte, Neuwelt, Böhmen, um 1830, manganviolettes Glas, goldene Ränder und Akanthusblattfries, sowie Chinesendarstellungen in Tempellandschaften mit Blattzweigen und Insekten, Durchm. 14 cm.

DM 3570,– TASSE

mit Untertasse, Josef Zich, Schwarzau, Österreich, um 1825–1835, schwarzes Hyalithglas, vergoldeter

Innen- und Außendekor, Blattranken und Chinesendarstellung in Landschaft, H 9,5 cm, Durchm. 14 cm.
(Dorotheum, Wien, 23.9.96)

DM 1430,– GLASPOSTAMENT

mit Madonnenbildnis, Böhmen, um 1825–1830, verziert mit Strahlen- und Feinsteinelschliffen, glatter Schaft, geschliffener Sockel, Stand mit Strahlenschliff, H 18,5 cm.

DM 5000,– LEBENSALTERBECHER

Böhmen, um 1835, Wandung mit feingravierten Darstellungen und Sinnsprüchen der Lebensalter von 10 bis 100 Jahren, geschliffener Ansatz, polygonaler Sockel, Stand mit Strahlenschliff, mit Sammleretikett, Lippe etwas beschliffen, H 15 cm.
(Dorotheum, Wien, 27.2.96)

DM 1500,– POKAL

Nordböhmen, um 1845, grün gefärbtes, geschliffenes Alabasterglas, 8-fach geschälter Schaft mit Kuppa, goldgehöhte Blütenranken und 3 fein gemalte Landschaften in Rokokokartuschen, Haarriß am Boden, H 22,2 cm.

DM 2600,– DECKELHUMPEN

Nordböhmen, um 1845, grün gefärbtes Alabasterglas, facettierte Wandung, Bodensternschliff, Ohrenhenkel, bunte Email- und Opaksilberbemalung, scharnierter und messingmontierter Deckel aus farblosem Glas, H 15,6 cm.
(Schloß Ahlden, Aller, 2.–3.5.97)

DM 1500,– BECHER

Nordböhmen, um 1845, geschliffenes Alabasterglas mit facettierter Wandung, floraler Dekor aus opaker Goldbemalung, H 13 cm.

DM 2200,– BECHER

Nordböhmen, um 1830, Alabasterglas, schräg durchbrochener Fuß, goldgehöhte, bunte Emailmalerei mit floralem Dekor, minimaler Haarriß am Fuß, H 13 cm.

DM 850,– BECHER

Nordböhmen, um 1840–1850, geschliffenes Alabasterglas mit pastoser floraler Silberbemalung, Lippe mit feiner, umlaufender Blattranke, H 12,2 cm.
(Schloß Ahlden, Aller, 2.–3.5.97)

DM 1570,– FREIMAURERPOKAL

wohl England, um 1838, Kuppa mit geschnittenen und gekugelten Freimaurersymbolen, gekrönte Kartusche mit dem Monogramm „W.E.B. 1838, 10", H 14,5 cm.

DM 1285,– FREUNDSCHAFTSBECHER

Böhmen, um 1835, facettierte Wandung mit Medaillons, darin geschliffene und gekugelte Darstellung, bez. „Gesundheit, Glück und Freude", rückseitiges Monogramm „W.G.", gezänkelter Sockel mit Strahlenschliffen, H 13 cm. (Dorotheum, Wien, 27.2.96)

DM 1700,– DECKELPOKAL

Harrachsdorf, Nordböhmen, um 1830, Walzenschlifffuß, massiver Schaft, auf der facettierten Wandung hochgeschliffene und schraffierte Ovalmedaillons, frontal geschnittenes Wappen, Deckel mit Eichenknauf und Schliffornamenten, Schnitt wohl Dominik Biemann, H 20 cm. (Dr. Fischer, Heilbronn, 19.10.96)

DM 1715,– SOCKELBECHER

Böhmen, Mitte 19. Jh., hellblaues Alabasterglas, facettierte Wandung mit silbernen Blatt- und Blütenmalereien, in 8 Medaillons feine Vogeldarstellungen, Bodenstern, H 11 cm.

DM 860,– TAFELAUFSATZ

Wien, um 1840, ovale Schale aus weißem Alabasterglas mit hellblauem Überfang, versch. Schliffmotive, Silberfuß in Drachenform auf Rocaillensockel, H 14 cm.

DM 1140,– SOCKELBECHER

Böhmen, um 1840, blaues Alabasterglas, facettierte Wandung mit goldgehöhten, weißen und gelben Blütenranken und Streublumen, polygonaler Stand mit Bodenkugelung, Rand abgeschliffen, H 12 cm. (Dorotheum, Wien, 27.2.96)

DM 1715,– ZUCKERDOSE
Böhmen, um 1840, oktogonale Wandung mit hellblauem und weißem Überfang, versch. Schliffmotive, Stand mit Rillenschliffen, reliefierte Metallmontierung mit Schloß und Schlüssel, H 10 cm, L 13 cm.
(Dorotheum, Wien, 23.9.96)

DM 1800,– JAGDBECHER
Harrachsdorf, Nordböhmen, um 1830–1835, Hohlfuß mit Steinelschliff, facettierter Schaft und konische Kuppa mit gesteineltem Band, darüber in Matt- und Blankschnitt Darstellung einer Waldlandschaft mit Wild, sign. „H. Dittmann", H 22 cm.
(Dr. Fischer, Heilbronn, 19.10.96)

DM 1900,– BECHER
Neuwelt, um 1850, aus dem Veredelungsbetrieb Wilhelm Hoffmann, Prag/Karlsbad, farbloses Glas mit Zinnemailüberfang und Goldrubinunterfang, auf der Wandung Blumenfries in Emailmalerei und geschliffene Ornamente, H 12,3 cm.
(Dr. Fischer, Heilbronn, 22.3.97)

DM 2000,– SOCKELBECHER
Böhmen, um 1840, annagrünes Uranglas, ausladende, facettierte Wandung, geschnittene Blattmotive mit Rillen- und Feinsteinelschliffen, bunte Darstellung zweier Reiter auf der Jagd, darunter goldene Blattranken, geschliffener Stand, Lippe minimal ber., H 11,5 cm.
(Dorotheum, Wien, 25.2.97)

DM 2000,– PASTENBILDNISSE

von Zar Nikolaus I. und Gemahlin, La Villette bei Paris, um 1835, in farblosem, auf der Rückseite gesteineltem Glasblock eingeschlossene Bildnisse, beide Glasplatten sind je in einem hellblauem Preßglasrahmen mit reliefierten Ornamenten auf Perlfond montiert, 16 x 15 cm.
(Dr. Fischer, Heilbronn, 23.3.96)

DM 2100,– FUSSBECHER

Zechlin, um 1825, facettierter Becher, Fuß mit Kerbschliffstern, auf der Schauseite in Matt- und Blankschnitt Kriegsgerät unter Baum, umseitig Eichenlaubzweig mit Schriftband, darin Monogramm „A.S.", Standfläche minimal best., H 14 cm.
(Dr. Fischer, Heilbronn, 22.3.97)

DM 2140,– JAGDBECHER

Böhmen, um 1810–1820, farbloses Glas mit Goldrubinunterfang, gekugelter Boden mit Strahlen- und Kerbschliff, Wandung mit geschnittenem Dekor, umseitig geschnitten und geplänktes Monogramm „AS", H 11 cm.
(Wiener Kunstauktionen, Wien, 11.–12.6.96)

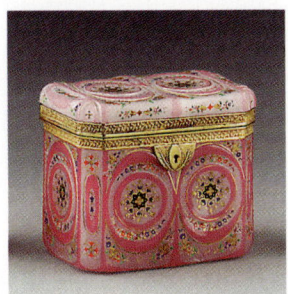

DM 2140,– ZUCKERDOSE

Böhmen, um 1840, rosa überfangenes Alabasterglas, quaderförmiger Korpus mit abgeschrägten Kanten, Bodenunterseite mit Gitterschliff, Dekor in Emailfarben, Schwarzlot und Gold, vergoldete Bronzemontierung, kleine Scharte, H 13,2 cm.
(Wiener Kunstauktionen, Wien, 11.–12.6.96)

DM 2285,– FUSSBECHER

Friedrich Egermann, Haida, 1830–1835, bauchige, facettierte Wandung, gelbgebeizt mit schwarzer, rosa und hellblauer Lasur, radierte Ornamente, geschliffene Linsen sowie Kreisornamente mit Sternschliff, polygonaler Fuß mit Strahlenschliff, H 12,5 cm.
(Dorotheum, Wien, 23.9.96)

DM 2800,– BECHER

wohl Anton Kothgasser, Wien, um 1830, farbloses, gelbgebeiztes Glas, geschliffen und bemalt, Bodenschliffstern, umlaufender, gesteinelter und schraffierter Floraldekor mit Insekten in Kugelschlifflinsen, H 13,5 cm.

DM 2800,– BECHER

wohl Anton Kothgasser, Wien, um 1830–1840, farbloses, silbergelb gebeiztes Glas, geschliffen und bemalt, Dekor aus Blattmotiven mit Reserve, darin Hand mit Vergiß-mein-nicht-Blüten, Kugelschlifflinsen mit Fischen, H 14,6 cm.
(Schloß Ahlden, Aller, 2.–3.5.97)

DM 3140,– BECHER

F. A. Riedel, Meistersdorf, um 1810–1820, farbloses Glas mit geschnittener und teilweise geplänkter Darstellung einer Harfenistin, Mundrand mit Blättchenbordüre, H 10,3 cm.
(Wiener Kunstauktionen, Wien, 1.–3.10.96)

DM 3140,– **BECHER**

Atelier Wilhelm Hofmann, Prag, Mitte 19. Jh., weißes Milchglas mit hellgrünem Überfang, goldenen Rändern und bunte Blumen- und Kanarienvogeldarstellungen in Emailfarben, H 12 cm.

DM 2140,– **RANFTBECHER**

Böhmen, Anfang 20. Jh., ausladende Wandung mit gelbgebeizten Zierleisten und Lippenbordüre, im Feld transparente, buntgemalte und bez. Szene mit einer jungen Dame „La Vénération", Goldhöhung, H 12,5 cm.

DM 930,– **KARAFFE**

mit Sturzbecher und Flakon, Böhmen, um 1840, annagrünes Uranglas, Wandungen mit versch. Schliffmotiven, H der Karaffe 21 cm.

DM 1140,– **VEDUTENBECHER**

Böhmen, Mitte 19. Jh., facettierte Wandung mit gelbgebeizter Zackenbordüre und Medaillons, darin feingravierte Ansichten „Böhmischer Saal, die Wiese in Carlsbad, Baden, Klosterneuburg, der Himmel, Ruine Lichtenstein bei Wien, Stephanskirche in Wien", vielpassiger Stand mit Strahlenkranz, H 12 cm.
(Dorotheum, Wien, 25.2.97)

DM 3570,– **MILLEFIORIBECHER**

1848, farbloses Glas mit weißem und rosa Überfang, 14 eingeschlossene Millefioricanes in versch. Farben, dat., H 8,5 cm.
(Dorotheum, Wien, 27.2.96)

DM 3570,– **SOCKELBECHER**

Friedrich Egermann, Haida, um 1830–1835, facettierte Wandung, silbergelb gebeizte Felder mit schwarzer Lasur, die farblosen Felder mit hellblauer, hellgrüner und roter Lasur, darin feinradiertes Rankenwerk, Wandungsmitte mit 10 Glasknöpfen, Stand mit versch. Schliffdekoren, Stand minimal best., H 11,5 cm.
(Dorotheum, Wien, 23.9.96)

DM 3600,– **ZUCKERDOSE**

Friedrich Egermann, Haida, um 1835–1840, farbloses, bunt lasiertes Glas, facettiert geschliffener Korpus mit geschälten Feldern und erhabenen Blattmotiven in teilweise geplänktem Mattschnitt, vergoldete Metallmontierung, H 16,5 cm.
(Dr. Fischer, Heilbronn, 22.3.97)

DM 4285,– **POKAL**

Friedrich Egermann, Haida, um 1840, Kuppaansatz mit Schälschliffen, Boden, Nodi und Stand mit bunt lasierten Facettenschliffen, darin graviert und gekugelte Blumenbuketts, Facette minimal besch., H 23 cm.
(Dorotheum, Wien, 23.9.96)

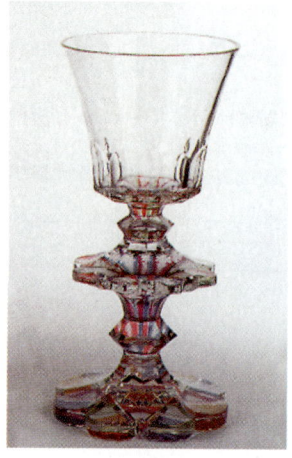

DM 4285,– **SOCKELBECHER**

Friedrich Egermann, Haida, um 1840, ausladende, facettierte Wandung, kantiger Sims, polygonal gezänkelter Fuß, bunte, transparent gemalte Darstellung von Gauklern und Vögeln, Sims mit geschnittenen Herz- und Rosettenmotiven, Ansatz mit bunten Tieren, Fuß mit farbig lasierten Schliffdekoren, H 13,5 cm.

DM 1285,– **MONOGRAMMBECHER**

F. Egermann, Haida, um 1840, farblos, facettierte Wandung mit herausgeschnittenen Herzen, diese verziert mit geschliffenen und farbig lasierten Rändern, farbloses, feinsteinelgeschliffenes Herz mit Monogramm „JK" und 3 Sternen, vielpassiger Sockel mit Strahlenschliff und bunten Lasuren, H 15,5 cm.
(Dorotheum, Wien, 25.2.97)

DM 4500,– BECHER

Friedrich Egermann, Haida, um 1830, violett/rosafarbenes Steinglas mit grünem Teilüberfang, geschliffener Stand mit facettierter Wandung, umlaufende Bordüre mit Bogen- und Steinelschliff, restaur., H 11,5 cm. (Dr. Fischer, Heilbronn, 29.6.96)

DM 4500,– DECKELHUMPEN

Lauenstein, um 1807, weißes Milchglas, ausgeschliffener Abriß, als Dekor ein von Vergiß-mein-nicht-Blumen umrahmtes „H" in Goldstaffierung mit bunter Bemalung, angesetzter Bandhenkel, H 15,5 cm. (Dr. Fischer, Heilbronn, 22.3.97)

DM 4500,–FLAKON

mit Stöpsel, Friedrich Egermann, Haida, um 1835–1840, farbloses, partiell blau lasiertes Glas mit feiner Transparentemailmalerei, als Dekor asiatische Figuren mit Schmetterlingen, H 23 cm. (Dr. Fischer, Heilbronn, 22.3.97)

DM 4500,– BECHER

Böhmen, 1830–1835, farbloses, geschliffenes und bemaltes Glas, Bodenschliffstern, an den Seiten gesteinelte Hochschliffverzierungen, 6-fach geschälte Kuppa mit 3 Hochschliffreserven, darauf Tarockkartenmotive „Skus, Mond und Pagat" und Ansicht der Hofburg und des Josephsplatzes, H 12,9 cm. (Schloß Ahlden, Aller, 2.–3.5.97)

DM 4570,– **KARAFFE**

Friedrich Egermann, Haida, um 1830, farbloses Glas, oktogonale Wandung mit blau und rot lasiertem Bodenstern, Vögel, Schmetterlinge und Insekten in Emailfarben, H 28 cm.
(Wiener Kunstauktionen, Wien, 1.–3.10.96)

DM 5000,– **PAAR DECKELVASEN**

mit gelber Metallmontierung, Frankreich, Mitte 19. Jh., Deckel und Korpus aus geschliffenem Glas, facettierter Schaft mit quadratischer Plinthe, reliefierte gelbe Metallmontierung, Artischockenknauf mit Blattkranz, Sockel mit Akanthusblättern, Glasrand minimal besch., H 36,5 cm.
(Dorotheum, Wien, 27.2.96)

DM 6000,– BECHER

Friedrich Egermann, Haida, um 1840, farbloses, gelb gebeiztes Lithyalinglas mit Kupferrubinüberfang, mit Farbbeize türkis und braun/grün marmoriert, auf der facettierten Wandung Insekten, Vögel und Zweige in goldradierter Malerei, H 11,1 cm.

DM 3500,– FLAKON

Friedrich Egermann, Haida, um 1830, mit Farbbeize braun, grün, gelb marmoriertes Lithyalinglas, „rothwelsches" Glas als Grundglas, facettierter Korpus mit feiner Goldstaffage, minimal restaur., H 16,2 cm. (Dr. Fischer, Heilbronn, 22.3.97)

DM 7140,– RANFTBECHER

Anton Kothgasser, Wien, um 1825, ausladende Wandung mit Goldrändern, silbergelb gebeizte Streifen mit Golddekor, bez. „Ansicht von Prag von der Überfuhr an der Altstädter Ziegelhütte" in bunter Transparentmalerei, silbergelb gebeizter Bodenstern, Lippe mit zwei kl. Restaur., H 11,5 cm.

DM 1280,– ZWISCHENGOLDBECHER

Böhmen, Anfang 20. Jh., goldene Lippe und Ansatzbordüre, bez. „Mein Freund vergiß mich nicht, und bewahre die Freundschaftspflicht...", im Medaillon Porträt des Kaisers Leopold in einem Kranz von Schälschliffen, Bodeneinsatz, minimal besch., H 12,5 cm.

DM 4285,– RANFTBECHER

Anton Kothgasser, Wien, um 1820-1825, gelbgebeizte Lippenbordüre mit Golddekor, grünes Kleeblatt mit der Bez. „Frohsinn erheitere deine Lebenstage", gelbgebeizter Bodenstern, Lippe mit kl. Restaur., H 10,7 cm. (Dorotheum, Wien, 27.2.96)

DM 7140,– AGATIN-OPALGLAS

Joachimsthal, Österreich oder Gräfl. Buquoysche Glashütte, Südböhmen, um 1835, Entwurf Josef Zich, keulenförmige Wandung mit Facetten-, Rillen- und Medaillonschliffen, durchscheinende, lila-violette Marmorierung, Bodenkugelung, H 12 cm. (Dorotheum, Wien, 25.2.97)

DM 7200,– **HÖFISCHES REISESERVICE**

wohl Ende 18. Jh., Flaschen und 2 Glasbecher aus farblosem Glas mit gerippter, facettierter Wandung und feiner Goldmalerei, 4 weiterere kleinere Glasbecher (im Holzkasten), Etagère mit 2 Weingläsern, 1 Schnapsglas und 2 Gewürzschälchen, alles in einem mit Stoff gepolsterten und Papier ausgekleideten Holzkasten, H 26 cm, B 45 cm, T 31 cm.
(Hampel, München, 27.–28.9.96)

DM 7500,– **BECHER**

Friedrich Egermann, Haida, um 1830–1835, transparentes, dunkelgrünes Lithyalinglas, facettiert geschliffene Wandung, mit Farbbeize blaugrün marmoriert, Lippenrand und Innenwandung vergoldet, H 11,1 cm.
(Dr. Fischer, Heilbronn, 22.3.97)

DM 11.430,– **RANFTBECHER**
Anton Kothgasser, Wien, um 1830, ausladende Wandung mit silbergelb gebeizter und goldener, gotisierender Lippenbordüre, im Feld bunte, opake und bez. Ansicht „Domkirche zu St. Stephan in Wien", goldgehöhter, geschlägelter Ranft, Bodenstern, H 11 cm.
(Dorotheum, Wien, 25.2.97)

DM 12.000,– **LEBENSALTERBECHER**
Anton Simm, Gablonz, um 1830, Boden mit Kerbschliffkranz, Wandung mit hochgeschliffenem Diamantbuckelfries, Dekor in Matt- und Blankschnitt, stellt die Lebensalter von der Wiege bis zum 100. Jahr dar, H 13,5 cm.
(Dr. Fischer, Heilbronn, 22.3.97)

DM 13.000,– **POKAL**
Franz Paul Zach, München, um 1855, farbloses Glas mit kobaltblauem Überfang, passiger Fuß mit gedrücktem und geschliffenem Kugelnodus, konische Kuppa mit gerahmtem Hochoval darin Falstaff-Motiv in Überfangreliefschnitt, rückseitig Rosetten mit 7 Verkleinerungslinsen, H 23,5 cm.
(Dr. Fischer, Heilbronn, 19.10.96)

DM 45,– **WEINRÖMER**

Ende 19. Jh., grünes Glas, Beerennuppen und Vogel im Blütenzweig in bunter Emailmalerei, H 19 cm.

DM 280,– **FUSS-SCHALE**

19. Jh., Bauernsilber, H 13 cm.

DM 250,– **SCHALE**

Lötz Wwe., Klostermühle, um 1905, gewellter Schalenrand, violettes, blau, grün bis gelb lüstrierendes Glas, H 4 cm, Durchm. 26 cm.

DM 160,– **VASE**

Fritz Heckert, Petersdorf, Schlesien, um 1900, Entwurf wohl Fritz Heckert, kugelförmig, farbloses, matt irisierendes Glas mit umlaufender bunter Emailmalerei, H 8,5 cm.

DM 180,–**WEINRÖMER**

um 1900, farbloses Glas mit rotem Überfang und Golddekor, H 18 cm.
(Dannenberg, Berlin, 7.12.96)

DM 220,– **HISTORISMUSGLAS**

zylindrisches Glas mit Standwulst, grünliches Glas, Lippenrand mit Zierband in Emailmalerei, darunter bekröntes Wappen, H 10,7 cm.

DM 120,– **HISTORISMUSGLAS**

zylindrischer Abrißbecher mit Ringwulst, grünliches Glas, Wandung mit Blüten, Zierkanten und Löwenwappen in Emailmalerei, H 8,5 cm.

DM 120,– **HISTORISMUSGLAS**

Gegenstück mit Adlerwappen, H 8,4 cm.
(Wendl, Rudolstadt, 22.–23.3.96)

DM 150,– RANFTBECHER

Böhmen, 19. Jh., farbloses, grün überfangenes Glas, teilweise geätzter, geschliffener und polierter Dekor aus Turm, Reh und Storch bestehend, H 12,5 cm.

DM 150,– POKAL

Böhmen, 19. Jh., farbloses, rubinrot überfangenes Glas, 10-fach facettierte Kuppa, geätzter, geschnittener und polierter Dekor, bez. „Kirchruine a.D. Dübin", H 14 cm.
(Metz, Heidelberg, 14.12.96)

DM 150,– RANFTBECHER

Böhmen, 19. Jh., farbloses, bernsteinfarben überfangenes Glas, überlappender Mündungsrand, Schauseite mit bez. Ansicht „Georgenbad bei Landeck", H 10 cm.

DM 160,– RANFTBECHER

Böhmen, 19. Jh., farbloses, rubinrot überfangenes Glas, 10-fach facettiert, geschnittener, geätzter und polierter Dekor mit 4 bez. Ansichten, minimal best., H 11,5 cm.

DM 280,–KRUG

Böhmen, 19. Jh., farbloses, tlw. rubiniertes und geätztes Glas, oktogonale Form auf profiliertem Standfuß, Ohrenhenkel mit Zinnmontur und Glasfüllung, bez. „Friedrichsbad in Baden-Baden", leicht best., H 18 cm.
(Metz, Heidelberg, 14.12.96)

DM 160,– FUSS-BECHER

Böhmen, 2. Hälfte 19. Jh., farbloses, rot lasiertes Glas mit unterschiedlichem Schliffdekor, frontal goldstaffierte Kartusche, bez. „Andenken an Teplitz", vergoldete Lippe, H 15,5 cm.

DM 220,– 2 BADEBECHER

Böhmen, 2. Hälfte 19. Jh., farbloses Glas, 1 Becher facettiert, partiell rubinrot lasiert, frontal fein geschnittene Ansichten „Preus-Gasthof a.d. Inselsberg" und "Bastei", leicht best., H 10,5 bzw. 8 cm.

DM 300,–FUSS-BECHER

Böhmen, 2. Hälfte 19. Jh., farbloses Glas mit Schliff- und Schnittdekor, facettierte Kuppa mit hochgeschliffenen Feldern, partiell rubinrot und gelb lasiert, frontal Rechteckreserve mit geschnittener Ansicht „Franzensbad", Bodenstern, H 14,5 cm.
(Bergmann, Erlangen, 21.9.96)

HISTORISMUS/1870 BIS ENDE 19. JH.

DM 200,– POKAL

Böhmen, um 1900, farbloses, rubinrot überfangenes Glas, Vogelvieh als geätzter, geschnittener und polierter Dekor, best., H 23,5 cm.

DM 550,– TAFELAUFSATZ

Böhmen, um 1900, farbloses Glas mit Waffelschliff und breitem Goldrand, H 25,5 cm, Durchm. 21,5 cm.

DM 35,– DECKELPOKAL,

Böhmen, um 1900, farbloses, rubinrot überfangenes Glas mit geätztem, geschnittenem und poliertem Dekor, H 27 cm.

DM 800,– HENKELBECHER

Böhmen, um 1820, farbloses Glas mit Waffelschliff, Schauseiten geätzt und geschliffen mit der bez. Ansicht „Das Theater und die Jesuitenkirche in Mannheim", best., H 11,5 cm.

DM 700,– FLACONBEHÄLTER

mit zwei Flacons, wohl Frankreich, 19. Jh., Bleikristallglas mit Waffelschliff, feuervergoldete Bronzebeschläge, H 13,5 / B 15,5 / T 10 cm. (Metz, Heidelberg, 14.12.96)

DM 220,– BOWLE

Ende 19. Jh., historistische Form eines „Krautstrunk-Glases", gebauchte Wandung mit Noppen, Deckel mit 6 gekniffenen Glasstegen, dunkelgrünes Glas, am Mündungsrand zahlr. Best., H 33,5 cm.

DM 80,– DECKELDOSE

Böhmen, um 1920, zylindrische Dose mit facettierter Wandung, amethystfarbenes Kristallglas, Dosenrand leicht best., H 16 cm.

DM 140,– ANDENKENGLAS

wohl Mitte 19. Jh., zylindrischer Henkelbecher, bunte Blüten und Blätter in Hinterglasmalerei, mittig Herzmedaillon, bez. „Andenken von Teplitz", am Henkelansatz Spannungsriß, minimal best., H 10,5 cm.

DM 100,– SAFTKRUG

auf Tablett, um 1900, weinrotes Glas mit hellen Emailblüten verziert, Stengel und Blätter in aufwendiger Goldreliefmalerei, Henkel aus farblosem Glas, Kante des Tabletts etwas verkratzt, H 28,5 cm, Durchm. des Tabletts 23,5 cm.
(Wendl, Rudolstadt, 22.–23.3.96)

68

DM 330,– 5 KELCHGLÄSER
um 1900, balusterförmiger Schaft
mit grüner Kuppa, H 11 cm
(Zeller, Lindau, 6.–7.12.96)

DM 300,– KARAFFE
mit Sturzbecher und Untersatz, Frankreich, Ende 19. Jh., optisch geblasenes, braungrünes Glas mit polychromer Emailblütenbemalung, H 24,5 cm.
(Zeller, Lindau, 6.–7.12.96)

DM 300,– RANFTBECHER
Böhmen, 19./20. Jh., kobaltblauer
Überfang mit Reserven, bernsteinfarben lüstriert, als Dekor Allegorien
des Glaubens, der Treue, der Gesundheit, der Musik und der Liebe, H
13 cm.

DM 330,– FUSSBECHER
Böhmen, 19./20. Jh., im Biedermeierstil, bernsteinfarben und blau lasiert, facettierte Kuppa mit mattiertem Schnitt, H 14,8 cm.
(Zeller, Lindau, 6.–7.12.96)

DM 330,– VASE

Ende 19. Jh., eiförmig mit kurzem Kelchhals, olivfarbenes Glas, auf der Wandung aufgesetzte Echse in grünem Glas mit Emailbemalung, Golddekor, H 28 cm.

DM 600,– PAAR DECKELPOKALE

farbloses, matt geätztes Glas, auf der Schauseite Porträtmedaillon mit Verzierungen in Goldemail, dat. und bez. „Zur goldenen Hochzeit 1874" in Goldaufschrift, H 36,5 cm.

DM 500,– KARAFFE

Ende 19. Jh., gebauchte Laibung mit schlankem, facettiertem Hals, farbloses, geschliffenes Kristallglas, Henkel und Montierung mit figürlichem Weinrankenrelief aus versilbertem und innen vergoldetem Messing, H 35 cm. (Dannenberg, Berlin, 7.12.96)

DM 340,– 2 BECHER

Böhmen, 19./20. Jh., rubiniertes bzw. weiß überfangenes Glas mit unterschiedlichen Schliffdekoren, der rubinierte Becher ist zusätzlich mit bunter Email- und Goldreliefmalerei dekoriert. (Dr. Nagel, Stuttgart, 18.4.97)

DM 330,– SATZ VON 6 WEINPOKALEN
um 1900, rubinrote Kuppa auf farbloser Schaft, mit galvanischer Silberauflage verziert, H 14 cm.
(Sigalas-Hildrizhausen, 27.–28.6.96)

DM 400,– RANFTBECHER
Wien, 19. Jh., farbloses Glas, massiger Sockel mit Kerbschliffstern, Ranft mit geschliffenen Pflanzenfriesen, Golddekor und Blumenband aus bunten Emailfarben, H 11 cm.
(Sigalas, Hildrizhausen, 28.–29.11.96)

DM 400,– FLAKON
Murano, um 1900, ovoide Wandung mit weißen und rosa diagonalen Latticinofäden, gelber Metallverschluß mit Scharnier, L 9 cm.

DM 570,– MINIATURFLAKON
Murano, Mitte 19. Jh., runde Wandung mit weißen und grünen diagonalen Latticinofäden und Gravur, Metallverschluß mit Kettchen und Ring, L 6 cm.
(Dorotheum, Wien, 27.2.96)

DM 430,– KERZENSTÄNDER
Murano, Ende 19. Jh., rotes Glas, Kerzenschale auf Schaft, galante venzianische Szenen in Gold, H 26 cm.

DM 430,– SCHÜSSEL
Murano, um 1900, gelbes Glas mit goldenen Aventurineinschlüssen und Fadenauflagen, 2 Spitzen minimal besch., H 13 cm, Durchm. 36,5 cm.

SP DM 570,– TAFELAUFSATZ
Murano, Anfang 20. Jh., farblose Schale mit weißer Latticinokordel,

gedrehter, dunkelvioletter Fuß und Stand mit braunen Rändern und goldenen Aventurineinschlüssen, H 24 cm.
(Dorotheum, Wien, 27.2.96)

DM 450,– 2 BECHER

Böhmen, farbloses Glas mit Golddekor und blau unterfangenes Glas, jeweils ziervergoldete Lippe, minimal best., H 13 bzw. 12 cm.
(Dr. Nagel, Stuttgart, 18.4.97)

DM 460,– ZIERPOKAL

Steinschönau, Böhmen, um 1900, starkwandiges, farbloses Glas, 3 Kartuschen mit Landschaftsmalerei in Sepia auf Goldgrund, gelb gebeizte Umrahmungen, schwarzer Fond mit Ritzungen, Goldbemalung, minimaler Chip, H 22,5 cm.

DM 500,– BIEDERMEIERVASE

Böhmen, Wandung 10-fach facettiert, rot gebeiztes Kristallglas, in Tiefschnitt umlaufende Landschaft mit antikisierenden Figurenstaffagen, H 17 cm.

DM 420,– RANFTBECHER

mit Goldmalerei, Böhmen, 19. Jh., in 5 hochgeschliffenen Medaillons bez. Ansichten „Wilhelmshöhe, Teplitz, Neubad, Schloßberg, Schlackenburg", außerhalb kl. Blütenmalerei, minimal best. und ber., H 12 cm.

SP DM 330,– DECKELPOKAL

wohl Mitte 19. Jh., rubinrot gebeizt, Kelch und Deckel mit silbernen Rocaillen und farbigen Blütenbuketts in Email, minimal best., H 22,5 cm.

DM 250,– FLACON

Böhmen, Mitte 19. Jh., weiß überfangenes Kristallglas, mit geschliffenen und goldgeränderten Verkleinerungslinsen verziert, Goldbemalung leicht ber., minim. best., H 16 cm.

DM 350,– BIEDERMEIERKELCHGLAS

10-fach facettiert, Kobaltglas, teils klar überfangen, mit weißer, goldgehöhter Emailmalerei verziert, Goldränder, H 15 cm.
(Wendl, Rudolstadt, 14.–15.3.97)

DM 650,– AUFSATZSCHALE

Böhmen, 2. Hälfte 19. Jh., barock geschweifte Steilwandschale auf facettierter Balusterschäftung und ziergeschliffenem Fuß, geschliffenes und blau überfangenes Glas mit reicher Gold- und Silbermalerei, als Dekor Motive der Jagd, H 17,5 cm.
(Zeller, Lindau, 6.–10.5.97)

DM 715,– KONFEKTSCHALE

mit Deckel und Untertasse, Böhmen, Ende 19. Jh., blau marmoriertes Glas mit Goldrändern, Knauf mit Golddekor, H 16 cm, Durchm. 18,5 cm.
(Dorotheum, Wien, 27.2.96)

DM 715,– 5 RÖMER

Deutschland, um 1879, Kuppa mit Goldrändern, Balusterschaft, Punktdekor mit gekröntem Wappen des preußischen Adlers mit den Insignien „FR" (Friedrich Rex), aus dem Drei-Kaiser-Jahr, Nodus mit Beerennuppen, Stand mit Perlendekor. H 18,5 cm.
(Dorotheum, Wien, 27.2.96)

DM 715,– SPAZIERSTOCK

Böhmen, um 1900, farbloses Glas mit weißen, gedrehten Latticinostäben, H 95 cm.
(Dorotheum, Wien, 25.2.97)

DM 715,– PAAR RHEINWEINGLÄSER

Böhmen, um 1900, grünes Glas, facettierte Wandung mit graviertem Anker, darüber Krone, polygonaler Stand mit Monogramm „C", Stand minimal best., H 12 cm.
(Dorotheum, Wien, 23.9.96)

DM 715,– 7 POKALE

Frankreich, Ende 19. Jh., Kuppa mit goldenen Rändern und roten Punktbordüren sowie goldene und rotgehöhte Rocaillen und Blattgirlanden, Schaft mit Facettenschliffen, tulpenförmiger Stand mit Rillenschliffen, 1 Stand minimal best., H 18 cm.
(Dorotheum, Wien, 23.9.96)

DM 740,– **WEINKANNE**

unsign., wohl Fritz Heckert, smaragdgrünes Glas mit farbigen, goldgeränderten Ornamenten und Blätterzweigen, Glasdeckel mit Knauf im Zinnring, Handhabe mit Fabelwesen, H 42 cm.

DM 260,– **PRUNKGLAS**

Venedig, wohl um 1920, hohes Kelchglas auf gewundenem Stiel, violetter Kelch mit aufgeschmolzenen Glasperlen und schablonierten Goldornamenten, leicht ber., orig. Papieraufkleber „Balboa", H 37 cm.

DM 120,– **HISTORISTISCHES RÖMERGLAS**

dünnwandiges, hellgrünes Glas, Fuß mit aufgeschmolzenen Glasrosetten, H 16 cm.

DM 65,– **VASE**

um 1900, rote Überfangvase mit gelben Emailgirlanden und Ornamenten mit Goldbemalung, H 12 cm.

DM 330,– **BOWLE**

wohl Fritz Heckert, Ende 19. Jh., breiter Kelch auf konischem Hohlfuß, mit Rankenwerk in Emailfarben und Goldrändern verziert, H 33 cm.
(Wendl, Rudolstadt, 14.–15.3.97)

DM 930,– **VEDUTENBECHER**

Böhmen, um 1900, facettierte Wandung mit rotlasierten Streifen und goldenen Dekormalereien, in herausgeschliffenen Feldern weiß- und goldgemalte, bez. Ansicht von „Mühlbrunn in Carlsbad, Freundschaftssaal, Schloßbrunn, Marienquelle, Wiese in Rußbach, Theresienbrunn", Bodenkugelung, H 12,5 cm.

DM 1140,– **FUSS-BECHER**

Böhmen, um 1845, annagelbes Uranglas, facettierte Wandung mit Goldrand und gelben und weißen Blumenbuketts in Emailfarben, vielpassiger Stand mit Bodenkugelung, Lippe ber., H 14,5 cm.
(Dorotheum, Wien, 27.2.96)

DM 860,– KARAFFE

Murano, 2. Hälfte 19. Jh., polygonale Wandung mit rosa Band und Aventurindekor sowie weiße Netzbänder aus Latticino, Metallmontierung und Stöpsel mit Reliefdekor, H 16 cm.

DM 930,– TAFELAUFSATZ

Murano, um 1900, hellblaues, opalisierendes Glas, Schale mit blauen und goldradierten stilisierten Blütendekoren sowie weißer Perlenbordüre, H 11 cm.

DM 570,– BECHER

wohl Nicholas Lutz, USA, Ende 19. Jh., Glas mit weißen, hellblauen und goldenen Aventurinbändern , H 9 cm. (Dorotheum, Wien, 27.2.96)

DM 860,– JAGDBECHER

Böhmen, 2. Hälfte 19. Jh., keulenförmige Kuppa, abgetreppter Ansatz und Fuß sowie gezänkelter Stand mit Rillenschliffen, umlaufend gravierte und geschnittene Jagddarstellungen, H 13,3 cm. (Dorotheum, Wien, 25.2.97)

DM 1000,– FUSS-BECHER

Böhmen, 19./20. Jh., im Biedermeierstil, taillierte Kuppa weiß und lindgrün überfangen, optischer Zierschliff und feine Goldbemalung, H 12,5 cm. (Zeller, Lindau, 6.–10.5.97)

DM 1070,– PAAR KARAFFEN

mit Silbermontierung, wohl Deutschland, Ende 19. Jh., geschliffene Wandung mit geschnittenen Blumenzweigen, Silberdeckel mit graviertem Monogramm „AB" und Punze, H 19 cm.

DM 715,– HUILIERE

mit Silberhalterung, um 1837, 2 Karaffen und 2 Glasbehälter, farblose
Wandungen mit vielpassigem Rand,
4-passiger Silberständer mit Griff
und 4 Füßen, Silber mit Alt-Wiener
Radpunze 1837, Meisterzeichen
„ST. M". für Stefan Mayerhofer, H
21 cm.

DM 1570,– PAAR KARAFFEN

mit Silbermontierung, Wien, um 1900, Wandung mit Wellendekor und Bodenstern, Silbermontierung mit Diana-
kopf- und Kleeblattpunze, H 16,5 cm.
(Dorotheum, Wien, 27.2.96)

DM 1140,– SOCKELBECHER

Böhmen, 2. Hälfte 19. Jh., annagelbes Uranglas, facettierte Wandung, silber und goldgemalte Blumenranken, vielpassiger Fuß mit Rillen-, Steinel-
und Sternschliffen, H 13 cm.
(Dorotheum, Wien, 25.2.97)

DM 1140,– VEDUTENBECHER

Böhmen, Mitte 19. Jh., facettierte
Wandung, im gelbgebeizten Feld
die gravierte und gekugelte „Ansicht
von Prag", rückseitig geschliffene Lin-
se, Bodenstern, Lippe minimal
besch., H 13 cm.

DM 4285,– PORTRÄTBECHER

Friedrich Egermann, Haida, 2. Hälfte
19. Jh., ausladende Wandung mit
goldenem und silbergelb gebeiztem
Rand, im Medaillon buntes, bez. Ab-
bild der „Caroline Auguste", rückseitig mattgoldener Kranz mit Krone,
Ansatz und Stand mit versch. Schliffdekoren, H 11,3 cm.
(Dorotheum, Wien, 23.9.96)

DM 1140,– **RHEINWEINGLÄSER**

Lobmeyr, Wien, um 1880, hellgrünes Glas, Kuppa mit graviertem und gekugeltem Laub-, Bandelwerk und Vögeln, glatter Nodus und facettierter Schaft, Stand mit gravierten Ranken, 1 Standring minimal besch., Service Nr. 54, H 12,8 cm.
(Dorotheum, Wien, 25.2.97)

DM 1140,– **PAAR KARAFFEN**

Lobmeyr, Wien, um 1875, facettierte Wandungen mit Ringauflage und bauchigem Baluster, Entwurf um 1875, Service Nr. 98, 1 Rand best., H 30 cm.

DM 1430,– **MESSINGAUFSATZ**

mit Glasteller, Lobmeyr, Wien, Schale mit Schäl- und Facettenschliffen, Tafelaufsatz mit 3 Prankenfüßen, geflügelten Frauenbüsten, im Zentrum Schale und Schlange, Entwurf um 1870, Service Nr. 118, H 25 cm.

DM 1140,– **GLASKÜBEL**

mit Silbermontierung und Einsatz zum Kühlen, wohl Anfang 20. Jh., Glaswandung mit Schälschliffen, geschliffenen und gravierten Seerosenmotiven, Bodenstern, Montierung mit Silberpunze London, schreitender Löwe, um 1905, Einsatz versilbert, H 21 cm.
(Dorotheum, Wien, 23.9.96)

DM 1140,– **AMBROSIASCHALE**

Lobmeyr, Wien, um 1880, Kuppa und Fuß mit bunten Blumen und Rocaillen, polygonaler Stand mit Schäl- und Linsenschliffen, auf der Wandung Darstellung eines Jünglings mit Mandoline in Emailfarben, Goldränder, H 12 cm.

DM 2285,– **FUSS-SCHALE**

mit 5 Tellern, Lobmeyr, Wien, um 1865, Wandungen mit graviertem Bandlwerk und Perlschnüren, Scha

lenansatz mit kl. Glasfehler, H der Schale 13,5 cm, Durchm. 20,5 cm, Durchm. der Teller 15,5 cm.
(Dorotheum, Wien, 27.2.96)

DM 1200,– **7 BECHERGLÄSER**

(jeweils 2 re. und li.) grünes Glas mit bunten Wappendarstellungen in Emailmalerei und Ziervergoldung, tlw. minimal best., H 15,5 cm.

DM 200,– **BECHERGLAS**

Deutschland, 1904, farbloses Glas mit bunter Wappendarstellung in Emailmalerei, rückseitig Widmungsinschrift, Rand mit Ziervergoldung, H 16,5 cm.

(Dr. Nagel, Stuttgart, 12.–13.7.96)

DM 1285,– **FUSS-BECHER**

Deutschland, 2. Hälfte 19. Jh., Kuppa mit vielpassigem Fuß und Münze im Boden, geschnittene Darstellung „Abraham opfert Isaak", rückseitig bez. „Ich habe jetzt erfahren, daß du Gott fürchtest, und hast deines einig geborenen Sohn nicht geschonet um meinetwillen", „GM 22.12", H 14 cm.
(Dorotheum, Wien, 23.9.96)

DM 1400,– **ZIERTELLER**

Neuwelt, um 1860, farbloses, kobaltblau überfangenes Glas, als flächenfüllender Dekor Goldmalerei im maurischen Stil, im Spiegelgrund bekröntes Wappen mit Draperie, radierte Binnenzeichnung und durchschliffene Ornamente, Durchm. 22 cm.

DM 1300,– **ZIERTELLER**

Neuwelt, um 1860, Gegenstück, Durchm. 22 cm.
(Dr. Fischer, Heilbronn, 23.3.96)

DM 1285,– 6 WERMUTGLÄSER

Lobmeyr, Wien, um 1900, optisch geblasene, leicht godronnierte Kuppa und Stand, mit goldenen Rändern, glatter Nodus und gedrehter Schaft, H 11,8 cm.

DM 2570,– TRINKGLÄSERGARNITUR

wohl Lobmeyr, Wien, 4. Viertel 19. Jh., 52 tlg.: 12 Wasser-, 11 Bier-, 7 Wein-, 11 Champagner- und 11 Likörgläser, Wandungen mit feinen Rändern und geschnittener Perlbordüre, Ansatz mit Schälschliffen.

DM 5715,– TRINKGLASGARNITUR

Lobmeyr, Wien, um 1880, 35 tlg.: 6 Bier-, 6 Sekt-, 6 Weißwein-, 6 Rotwein-, 6 Wasser-, 5 Sherrygläser, konische Wandungen mit Facettenschliff, Service Nr. 262. (Dorotheum, Wien, 25.2.97)

DM 1400,– GLASSET

4 tlg. auf Tablett, Daum Frères, Nancy, um 1900, Karaffe, kl. Kanne, Glas, Dose und Tablett mit 4 Kniffen, gerippte Wandungen mit goldener Dekorierung, sign., aus dem Besitz der Sophie-Charlotte, Prinzessin von Preussen, Durchm. des Tabletts 20 cm. (Hampel, München, 27.–28.9.96)

DM 1400,– FUSS-SCHALE

Salviati & Co, Murano, um 1885, kobaltblaues Glas dekoriert mit buntem Opakemail, dargestellt ist ein Jungbrunnen, Reiterszene und Profilbildnisse im Stil der Frührenaissance, H 18 cm.
(Dr. Fischer, Heilbronn, 22.3.97)

DM 1430,– PAAR VASEN

wohl Rußland, Ende 19. Jh., farbloses Glas, konische Wandung auf hohlem Stand, gezänkelter Goldrand, Dekor aus bunten und goldenen Arabesken und Gitterrocaillen, H 19,5 cm.
(Dorotheum, Wien, 25.2.97)

DM 1430,– TAFELAUFSATZ

Wien, 2. Hälfte 19. Jh., farblose Glasschale mit weißem Überfang und gezänkeltem Goldrand, versch. Schliffdekore und bunte Blumenbuketts, quadratischer, profilierter Silberfuß mit Wr. Dianakopf-Punze, Fuß minimal besch., H 21 cm.
(Dorotheum, Wien, 25.2.97)

DM 1430,– 6 GLÄSER

Hans Schließmann, Wien, um 1900, konische Wandung mit gravierten und goldenen Rändern, bunte Darstellungen mit dem Titel „Gigerls 5 Sinne" („Das Gefühl", „Das Gesicht", „Das Gehör", „Der Geschmack", „Der Geruch"), 3 Gläser sign., 1 Glasrand besch., H 9,5 cm. (Dorotheum, Wien, 23.9.96)

DM 1500,– 2 SPIRITUSLAMPEN

weißes Milchglas mit hellgrünem Fond und Ziervergoldung, bunte Bemalung mit Seenlandschaft und Blumen, Metallmontierung, Montierungen mit Altersschäden, H 51 cm. (Dr. Nagel, Stuttgart, 12.–13.7.96)

DM 1715,– SCHALE

Emile Gallé, Nancy, um 1885, hellgrünes Glas mit 4-passigem Querschnitt und runder Standfläche, an den Seiten farblose Aufschmelzungen, mit Emailfarben bemalt, Sockel aus vergoldeter Bronze, sign., L 13 cm (Wiener Kunstauktionen, Wien, 2.–3.10.96)

DM 1715,– 3 PARZEN-SOCKELBECHER

Böhmen, Mitte 19. Jh., bauchige, facettierte Wandung, gelbgebeizte Lippe und Medaillons, Medaillon hellblau überfangen, darin die 3 Parzen, bez. „Spinnet bedachtsam, denn es gilt meinem besten Freund", Sockel mit hellblauem Überfang, Stand mit Bodenstern, H 13 cm.
(Dorotheum, Wien, 23.9.96)

DM 1715,– VEDUTENKRUG

Böhmen, 2. Hälfte 19. Jh., konische, facettierte Wandung mit rotlasierten Feldern, gravierte und bez. Ansichten „Conversationshaus, Brunnenpavillion in Kissingen, Bodenlaube", Glasdeckel mit rotlasiertem Medaillon, darin gravierte Seenlandschaft, Wandung mit reicher Rocaillen- und Blattrankenbemalung, Zinnmontierung mit Glasknauf, H 17 cm.
(Dorotheum, Wien, 27.2.96)

DM 1715,– TRINKGLÄSERGARNITUR

Moser, Karlsbad, um 1900, 24 tlg.: 9 Aperitiv-, 6 Weißwein- (1 Stand und 1 Rand besch.) und 9 Rotweingläser (1 Lippe minimal besch.), Wandung mit facettierter Kuppa, Schaft und polygonalem Stand, Bodenstern.
(Dorotheum, Wien, 27.2.96)

DM 2000,– DOPPELHENKELVASE

Emile Gallé, Nancy, um 1875-1890, farbloses Glas mit umlaufendem Schälschliff und goldkonturierter, bunter Reliefemailmalerei, als Dekor von Blütenranken umrahmte Wasserträger, frei applizierte Henkel mit floralen Ornamenten, sign., H 10,5 cm
(Dr. Fischer, Heilbronn, 19.10.96)

DM 2000,– KARAFFE

mit Stöpsel, Lobmeyr, Wien, um 1870, farbloses Glas mit buntem Emailfarbendekor in der Art der venezianischen Groteskenmalerei des 16. Jhs., sign., H 23,5 cm.
(Wiener Kunstauktionen, Wien, 11.–12.6.96)

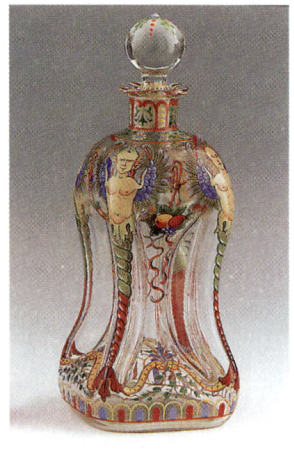

DM 2000,– HUILIERE

wohl Lobmeyr, Wien, Glas und Silbermontierung, 8-tlg., Glasgefäße mit Facetten- und Rillenschliffen sowie Bodenstern, Silberdeckel, Streuverschlüsse, Manschetten und Tragegestell mit 4 Prankenfüßen und Halterung, 2 Glasteile besch., Stöpsel best., 1 Stöpsel ergänzt, Silberpunzen VM, schreitender Löwe, H 27,5 cm.
(Dorotheum, Wien, 23.9.96)

DM 2000,– 6 JAGDBECHER

Böhmen, um 1870, facettierte Becher mit meisterlichem Schnitt in mattierter Diamantgravur, als Dekor Waldlandschaften mit Wild, Monogramm „A.N.E.", H 10,5 cm.
(Zeller, Lindau, 6.–10.5.97)

DM 2070,– HENKELKARAFFE

mit Südweinglas, Emile Gallé, Nancy, um 1895, farbloses, geblasenes Glas, schwach gelb getönter Fuß, geätzte und goldbemalte Blatt- und Blütenmotive mit wabenartigen Nuppen, reliefsign., H der Karaffe 21,5 cm.

DM 6440,– 6 SÜDWEINGLÄSER

Emile Gallé, Nancy, um 1895, pokalförmig, farbloses, geblasenes Glas, geätzte und goldbemalte Blatt- und Blütenmotive mit bunten, wabenartigen Nuppen , farbiger Nodus, bez. „deposé G G 17 bzw. 19", sign., H 10,6 cm. (Ketterer, München, 9.11.96)

DM 2140,– VASE

Böhmen, 2. Hälfte 19. Jh., Milchglas mit Emailfarben und Gold bemalt, über blauem Stand aufwendige Blumenmalerei, H 36,5 cm. (Wiener Kunstauktionen, Wien, 1.–3.10.96)

HISTORISMUS/1870 BIS ENDE 19.JH.

DM 2140,– PORTRÄTVASE

Steinschönau, Böhmen, um 1870, Amphorenform, dunkelgrünes Glas mit reichem Golddekor, im Medaillon buntes, feingemaltes Porträt einer jungen Dame, seitlich goldene Henkel mit Rosetten und Palmenmotiven, Fußansatz mit Restaur., Malerei wohl von Josef Ahne, H 19,5 cm.
(Dorotheum, Wien, 25.2.97)

DM 2400,– DECKELPOKAL

Neuwelt, um 1860, farbloses, honigfarben und milchigweiß unterfangenes Glas, auf der Wandung ausgesparte, rot überfangene Reserve, darin Medaillon mit Schmetterling und Blütenzweig in weißem Opakemail, Goldstaffage, H 32,5 cm.
(Dr. Fischer, Heilbronn, 22.3.97)

DM 2700,– POKAL

Franz Fischer, Schreiberhau, um 1880, farbloses Glas, Rundfuß mit Olivschliffbordüre und Behangornamenten, Kugelnodus mit eingeschlossenen Goldrubinfäden, Kuppa mit Hochovalmedaillon, darin geschnittene Szene aus „Lohengrin", H 28,5 cm.
(Dr. Fischer, Heilbronn, 19.10.96)

DM 2800,– DECKELPOKAL

Neuwelt, um 1870–1880, grünes Glas, Trompetenfuß und Deckel mit Emailpunkt- und Nuppenreihe, auf bauchigem Ansatz der Kuppa Nuppen und Sternornamente, frontal berittener Paukenschläger, rückseitig Trophäen, Bemalung in Gold und bunten Emailfarben, H 59 cm.

DM 3600,– DECKELPOKAL

Neuwelt, um 1870–1880, Ausführung wie oben, als Dekor berittener Trompetenbläser mit Wappenfahne, H 59 cm.
(Dr. Fischer, Heilbronn, 29.6.96)

DM 2800,– AUFSATZSCHALE

Wien, um 1890, ovales Bergkristallglas mit schlankem Vermeilfuß, dazu Lippenrandmontierung mit Satyrhenkeln, Montierung mit flächenfüllender Ornamentik und bunten Steinen, französischer Einfuhrstempel von 1893, H 12,5 cm.
(Dr. Fischer, Heilbronn, 22.3.97)

DM 2860,– 6 SEKTFLÖTEN

Lobmeyr, Wien, 1865, Kuppa mit reichem, graviertem Laub-, Bandelwerk und Vögeln, glatter Nodus und facettierter Schaft, Scheibenfuß mit Blattrocaillen, Service Nr. 54, H 16,5 cm.
(Dorotheum, Wien, 25.2.97)

DM 4285,– KARAFFE

Böhmen, Mitte 19. Jh., farbloses Glas mit eingeschmolzenen, bunten Millefiorischeibchen, die sich beim Aufblasen des Korpus zu unterschiedlichen Größen ausgedehnt haben, H 31 cm.
(Wiener Kunstauktionen, Wien, 1.–3.10.96)

DM 4285,– VASE

Harrach'sche Hütte, Neuwelt, Böhmen, 2. Hälfte 19. Jh., Beinglas mit rot und braun marmoriertem Überfang und Silberfolienpartikeln, farblos überstochen, um die Schulter Ornamente in pastoser Goldmalerei, H 41 cm.
(Wiener Kunstauktionen, Wien, 1.–3.10.96)

DM 4285,– 6 BECHER

Lobmeyr, Wien, um 1880, 4-passiger Querschnitt, sich nach unten verjüngend, orientalisierender Dekor in Emailfarbe mit Goldkonturierung, H 11 cm.

DM 570,– KLEINER TELLER

Lobmeyr, Wien, um 1880, orientalisierender Dekor in Emailfarbe und Gold, sign., Durchm. 13 cm.
(Wiener Kunstauktionen, Wien, 16.–17.4.97)

DM 4500,– TAFELAUFSATZ

Lobmeyr, Wien, 1872, grünes Glas mit reicher Goldmalerei, flache Schale auf hohem Trompetenfuß, darüber balusterförmige Vase, Entwurf Prof. J. Stork, H 52 cm.
(Sigalas, Hildrizhausen, 27.–28.2.97)

DM 5710,– VASE

Saint-Louis, Frankreich, um 1850, dunkelbraunes, opakes Glas, geschliffene Wandung, mit Lithyalinbeize grün und braun marmoriert, H 40 cm.
(Wiener Kunstauktionen, Wien, 1.–3.10.96)

DM 6000,– HENKELKARAFFE

Gravur Josef Müller, Ullrichsthal, um 1870, farbloses Glas, Wandung mit mattgeschnittenen Blattornamenten, darüber in Tiefschnitt Landschaft mit Rotwild, Schulter und Hals mit Blütenranken und mattierten Feldern, 4-passig gekniffener Ausguß, H 37 cm.
(Dr. Fischer, Heilbronn, 19.10.96)

DM 6000,– TAFELAUFSATZ

Lobmeyr, Wien, um 1872, Trompetenfuß mit profiliertem Nodus, flache Schale und balusterförmige Vase, umlaufender Golddekor mit weißem Punktemail, Entwurf Prof. J. Storck, aus der Serie „Dunkelgrün mit Gold", Dessertservice Nr. 30, H 52 cm.
(Schloß Ahlden, Aller, 17.–18.5.96)

DM 6500,– PAAR ZIERPOKALE

Johann F. Hoffmann, Karlsbad, um 1880, farbloses Glas, facettierte Kuppa und kantig geschliffener Sockel, frontal ovales Medaillon mit mattgeschnittenen Reiterszenen, sign., ein Fuß best., H 33 cm.
(Sigalas, Hildrizhausen, 12.–13.9.96)

DM 6500,– SCHALE

Josef Riedel, Polaun, 1888, Milchglas mit opak schwarzem Basaltglas überfang, Gold-, Silber- und Opakemailmalerei mit japonisierendem Dekor, wellenförmig gekniffener Mündungsrand mit aufgelegtem, farblosem Faden, sign., Durchm. 32,5 cm.
(Dr. Fischer, Heilbronn, 19.10.96)

DM 7500,– ZIERSCHALE

Lobmeyr, Wien, um 1875–1880, Spiegel mit ansteigender Fahne, optisch vertikal gerippt, mit ausgestelltem Rand, leicht opalisierendes Glas, im Spiegel Rosette aus Goldranken, reicher Golddekor mit feinen, bunten Emailverzierungen, sign., Durchm. 41 cm.
(Schloß Ahlden, Aller, 17.–18.5.96)

DM 7590,– KARAFFE

mit 5 Weingläsern, Emile Gallé, Nancy, um 1895, farbloses, geblasenes Glas, geätzte und goldbemalte Blüten- und Blattmotive mit wabenartigen Nuppen, Nodus getönt, bez. „deposé G G", reliefsign., Karaffe minimal beschliffen.

DM 9775,– HENKELKARAFFE

und 6 Champagnergläsern, Emile Gallé, Nancy, um 1895, farbloses, geblasenes Glas, geätzte und goldbemalte Blüten- und Blattmotive mit wabenartigen Nuppen, getönter Nodus, bez. „Depose G G", reliefsign.
(Ketterer, München, 9.11.96)

DM 9285,– KANNE

Lobmeyr, Wien, um 1870, Glas mit Dekor in pastoser weißer Emailfarbe und Gold, sign., H 25,5 cm.

DM 4285,– KANNE

Lobmeyr, Wien, um 1870, opalisierendes Glas m. geschnittenem u. vergoldetem Dekor, Punkte in weißer Emailfarbe, sign., H 25,3 cm.
(Wiener Kunstauktionen, Wien, 1.–3.10.96)

DM 10.500,– ZIERVASE "SONNENHUT"

Emile Gallé, Nancy, um 1898, farbloses Glas, innen leicht bräunlich getrübt, außen orangebraun überfangen, mit zerplatztem Silberfolieneinschluß, als Dekor kameengeschnittener Zweig des Sonnenhutes, Blüten mit geschnittenem Cabochon in Grün bzw. Dunkelviolett, säuregeätztes Relief, feuerpoliert, sign., H 24 cm.
(Schloß Ahlden, Aller, 17.–18.5.96)

DM 11.430,– PRUNKTELLER

Lobmeyr, Wien, um 1885, modelgeformtes Glas mit radiertem und goldgehöhtem Schwarzlotdekor, 6-passige, tlw. geschliffene Fahne, in den Feldern alternierend weibliche und männliche Figuren, Spiegel mit Maske und Rollwerkumrahmung, sign., Durchm. 27 cm.
(Wiener Kunstauktionen, Wien, 1.–3.10.96)

DM 12.500,– DOPPELHENKELVASE „SONNENHUT"

Emile Gallé, Nancy, um 1898, seitlich angeschmolzene Henkel, farbloses Glas, innen mattgeätzt, außen orangerot überfangen, mit zerplatztem Silberfolieneinschluß, kameengeschnittener Sonnenhut, Blüten mit grünem bzw. dunkelviolettem Cabochon appliziert, säuregeätztes Relief, feuerpoliert, sig., H 8,2 cm.
(Schloß Ahlden, Aller, 17.–18.5.96)

DM 12.650,– VASE

Lötz Wwe., Klostermühle, 1899, trompetenförmig, Opalglas, farblos überfangen mit Silberstreifendekor, im oberen Bereich gekämmter, blauer Fadendekor, perlmuttfarben matt lüstriert, Schnittnr. 7953, H 30,2 cm.
(Ketterer, München, 11.5.96)

DM 16.500,– ZIERKASSETTE

Lobmeyr, Wien, um 1870, ebonisiertes Holz mit Edelsteineinlagen und geschliffenen Glastafeln, Lapislazuli-Alabaster-Scheibenfüße, auf der Deckelrahmung Fries aus Almandin-Cabochons und Lapislazuli im Wechsel, innen und außen reicher geometrischer Dekor und Blattranken in Gelb, die 12 Glasfelder mit Fabelwesen, Schwänen, Füllhörnern und Spiralblütenranken in Tiefschnitt, Schloß mit Schlüssel, Entwurf Theophil Hansen, sign., H 21 cm, 32 x 16,5 cm.
(Schloß Ahlden, Aller, 17.–18.5.96)

DM 22.855,– **LAMPE**

Lötz Wwe., Klostermühle, 1889, farbloses, opakweiß unterfangenes Glas mit roséfarbenen, marmorierten Zwischenschichten (sog. Carneolglas) und Spiralrippenstruktur, vergoldete Bronzemontierung, Ausführung „Arndt & Marcus", Berlin, H 130 bzw. insges. 184 cm.
(Wiener Kunstauktionen, Wien, 27.–28.3.96)

DM 31.430,– **HENKELKARAFFE**

mit 8 Champagnergläsern, Emile Gallé, Nancy, um 1890–1895, farbloses Glas mit geschnittenem Dekor und applizierten Cabochons, Füße, Schulter, Stöpsel und Henkel bernsteinfarben mit geätzten Figuren und Vögeln, tlw. farbig emailliert, gold ornamentierte Nodi aus farbigem Glas, Auftragsarbeit für den russ. Adligen A. Marcerov, tlw. minimal besch., H der Karaffe 35 cm, bzw. 11 cm.
(Dorotheum, Wien, 16.4.96)

DM 38.000,– **DOPPELHENKELVASE**

Emile Gallé, Nancy, um 1896, farbloses Glas, innen opalisierend, außen im oberen gelb, im unteren Bereich rot überfangen, mit milchigweißer Zwischenschicht, als Dekor Wiesenblumen mit Blättern und Gräsern in farbigem Reliefemail mit Gold, am Hals goldene Metallfolieneinschlüsse, sign., mit Originalaufkleber, H 20,5 cm.
(Schloß Ahlden, Aller, 17.–18.5.96)

DM 45.710,– GARNITUR

aus der Alhambra-Serie, Lobmeyr, Wien, um 1870, 7 tlg.: 1 große und 6 kleine Schalen, farbloses Glas in stilisierter Blattform, pastose Email-dekoration in maurischem Stil mit ver-goldeten Kanten, zentral ein Lebens-motiv, von einer Lampe überhöht, flankiert von 2 Kranichen, am Blattansatz Monogramm „VI", sign., L 39,5 bzw. 16,9 cm.
(Wiener Kunstauktionen, Wien, 1.–3.10.96)

DM 50.000,– VASE

mit Dekor im persischen Stil, Lob-meyr, Wien, um 1870–1880, hell-braunes Glas mit Emailmalerei und Vergoldung, ornamentale Blumen-komposition aus Poliergold und pa-stosem Opakemail, Dekorentwurf Franz Schmoranz, Ausführung Meyr's Neffe, Adolf, Wien, sign., H 43,7 cm.
(Wiener Kunstauktionen, Wien, 16.–17.4.97)

DM 35,– **URANGLASSCHALE**

wohl 1. Hälfte 20. Jh., Murano-Art, blattförmig, Glas mit hellgrünem Schein, Stand mit blau-grünem, eingeschmolzenem Glaskern, H 9,5 cm, L 15,5 cm.

DM 380,– **JUGENDSTILVASE**

wohl um 1920, gebauchte Form aus milchig-weiß mattiertem Glas, grün bis rötlich in geometrischem Fries überfangen, H 13,8 cm.

DM 280,– **RUBINGLAS**

wohl Wien, um 1930, hoher Stiel mit farblosen Zwischenstücken, runde Kuppa, darauf in Goldmalerei Darstellungen von Putten, H 16 cm.

DM 160,– **JUGENDSTILVASE**

Mündung mit gepunzter engl. Silbermontierung, milchig-grünes Glas mit aufgeschmolzenem Fadennetz aus weinrotem Glas, lüstrierende Oberfläche, H 14 cm.
(Wendl, Rudolstadt, 22.–23.3.96)

DM 75,– **POKAL**

Böhmen, um 1900, farbloses Glas mit Rotätze, geschliffener Jagddekor, Kugel- und Facettenschliff, H 21,5 cm.

DM 260,– **VASE**

um 1900, schlanke Form, grünes lüstrierendes Glas, Wandung mit aufgesetzten Blütenzweigen, H 20 cm.

DM 90,– **VASE**

um 1910, Stangenform, farbloses Glas mit Email- und Goldbemalung, monogrammiert „OE", H 22 cm.

DM 490,– **VASE**

Nancy, 20er Jahre, kugelförmig, farbloses Glas, innen mit gelbem Überfang, blaue, rote und orangefarbene Pulverschmelze, floraler Dekor aus reliefierter, gestanzter Zinnauflage, monogammiert „BK", H 14, 5 cm.
(Dannenberg, Berlin, 7.12.96)

DM 180,– JUGENDSTILDOSE

um 1915, konische Form mit in großen Tropfen herabgezogener Glasmasse, grünes Glas mit bronzeartiger Aufschmelzung, Nickelrand mit Bügelhenkel und Deckel, H 17,5 cm.

DM 180,– ART DÉCO-VASE

Gebrüder Pallme-König & Habel, Kosten, Milchglas, transparent überfangen, seidenmatte Oberfläche, gelblich-goldene Glassprenkelung, H 16,5 cm.

DM 460,– JUGENDSTILKRUG

wohl Wilhelm Kralik Sohn, Eleonorenhain, grünes Glas mit aufgeschmolzenem Fadennetz und verlaufender Goldbemalung, Oberfläche violett lüstrierend, Kupfermontierung mit Schneppe und Scharnierdeckel, am Scharnier Rautenstempel, H 27,5 cm.

DM 1250,– GESCHNITTENE GLASVASE

Emile Gallé, Nancy, in vier Farbschichten aufwendig gearbeitet, auf der Wandung umlaufende Brombeerranken, sign., H 15,5 cm.

SP DM 1500,– GESCHNITTENE VASE

wohl Lötz Wwe., Klostermühle, um 1910, Entwurf Hans Bolek, Milchglas farblos und weinrot überfangen, Fuß floral geschnitten, darüber rote Streben, H 20,5 cm.

DM 330,– JUGENDSTILVASE

Ferdinand v. Poschinger, Bayer. Wald, Kobaltglas, violett- und regenbogenfarben lüstrierend, Messingmontierung mit 2 Handhaben, H 22,8 cm.
(Wendl, Rudolstadt, 20.–21.9.96)

DM 190,– KARAFFE

um 1920, farbloses Kristallglas, geschliffen, Hals mit 800/000 Silbermontierung, H 36,5 cm.

DM 710,– LIKÖRKARAFFE

WMF, um 1902, farbloses Glas mit geschliffenem Blütendekor, florale Halsmontage, Griff und Deckel in Platedmontierung, Griff ziseliert „E. Feihstel & 22.7.02.", H 35 cm.

DM 260,– DECKELPOKAL

um 1900, konische Kuppa, farbloses Glas, auf der Wandung geschnittene Darstellung zweier Jäger mit Hundemeute vor erlegtem Hirsch, H 35,5 cm.

DM 150,– HENKELKARAFFE

um 1900, farbloses Glas, Baccaraschliff, H 45 cm.

DM 230,– POKALGLAS

um 1820, leicht konische Kuppa auf Schaft, H 23 cm.
(Dannenberg, Berlin, 7.12.96)

DM 200,– **JUGENDSTILVASE**

farbloses, nach oben amethystfarben verlaufendes Glas, tief geschnittene und vergoldete Doppelblüte mit Blättern, leicht ber., H 26,6 cm.

DM 120,– **FLACON**

wohl um 1920, 12-fach facettierte Wandung, massives Kristallglas, kobaltblau unterfangen, H 11 cm.

DM 110,– **JUGENDSTILVASE**

Wandung in 6 mattierte Zierfelder aufgeteilt, darin Blumenmotive in goldener Reliefemailmalerei, Vergoldung leicht ber., H 19 cm.

DM 160,– **SCHALE**

schiffsförmige Kobaltschale mit Metallmontierung in Mistelzweigform, großer Bügelhenkel, Reste von Versilberung und Bronzierung, H 22,5 cm, L 28 cm.

SP DM 220,– **VASE**

wohl Lötz Wwe., Klostermühle, farbloses Glas mit weißen Fäden durchzogen, H 11,5 cm.

SP DM 330,– **VASE**

Gebr. Pallme-König & Habel, Kosten, Glas mit grünen, aufgeschmolzenen Farbbändern, irisierend, H 15 cm.

DM 360,– **PAAR KRISTALLSCHALEN**

wohl Meyr's Neffe, Adolf, Wien, um 1910, herausgeschnittenes Quaderband, blau überfangen, Entwurf Prutscher, H 4 cm, L 23,2 und 19 cm.

DM 200,– **VASE**

„Ikora", WMF, dickwandiges Glas, blau bepudert, mit gelben Glasschlieren, klar überfangen, H 19 cm. (Wendl, Rudolstadt, 29.–30.11.96)

DM 230,– **BECHERGLAS**

Theresienthal, um 1904, aus dem Service „Waidmannsheil", Blasenglas mit humoristischer Darstellung in Emailmalerei, Entwurf Ludwig Hohlwein, bez. „M. Sch.", H 11,6 cm.

SP DM 150,– **HOHES BECHERGLAS**

Theresienthal, um 1904, Gegenstück, bez. „Musterschutz", H 15,8 cm.

DM 290,– **BECHERGLAS**

Theresienthal, um 1904, (mittlere Reihe, 2. Becher von li.) aus dem „Bauernservice", Entwurf L. Hohlwein, bez. „SIE AA." und „M. SCH.", H 11,9 cm.

DM 1380,– **6 BECHERGLÄSER**

Theresienthal, um 1904, aus dem Service „Waidmannsheil", H jeweils 12,5 cm.

DM 440,– **2 BECHERGLÄSER**

Theresienthal, um 1904, aus dem Service „Waidmannsheil", H 12 bzw. 11,5 cm.

DM 440,– **2 BECHERGLÄSER**

Theresienthal, um 1904, aus dem Service „Waidmannsheil", 1 Glas minimal best., H 12 bzw. 11,5 cm. (Ketterer, München, 9.11.96)

DM 300,– DECKELDOSE

Deutschland, um 1900, hellgrünes, mattiertes Glas mit goldstaffierter, floraler Emailbemalung in Violett und Grün, floral durchbrochenes Zinngestell mit 3 ausgestellten Beinen, Metalldeckel mit reliefierter Zinnhandhabe, H 27 cm.
(Bergmann, Erlangen, 7.12.96)

DM 300,– VASE

wohl Lötz Wwe., Klostermühle, um 1900, grünes, opakes Glas mit durchbrochener Messingmontur, H 6,5 cm.
(Metz, Heidelberg, 14.12.96)

DM 330,– VASE

wohl Lötz Wwe., Klostermühle, um 1900, violettes, lüstrierendes Glas mit Floraldekor in bunter Emailmalerei, H 11 cm.

DM 100,– VASE

wohl Gebrüder Pallme-König & Habel, Kosten, um 1900, weiß lüstrierendes Glas mit gewelltem Lippenrand, H 11 cm.
(Metz, Heidelberg, 14.12.96)

DM 350,– VASE

wohl Fritz Heckert, Petersdorf, Schlesien, um 1900, opakes Glas mit bunter Kaltgold- und Emailmalerei, H 37 cm.
(Metz, Heidelberg, 14.12.96)

DM 350,– 6 TRINKBECHER

Deutschland, Anfang 20. Jh., lind-
grünes Glas mit Spiralrelief am Fuß,
am unteren, gebauchten Teil aufgeschmolzene russisch-grüne Nuppen
und am Korpus nach rechts gedreh-
tes Spiralrelief, H 15 cm.
(Zeller, Lindau, 6.–10.5.97)

DM 390,– HENKELKRUG UND 6 GLÄSER

Bayerischer Wald, um 1900, gol-
gelb lüstrierendes Glas mit Blatt-,
Ähren- und Traubendekor in weißer
Emailmalerei, gerillte Wandungen,
Krug mit reliefierter Zinnmontierung,
bez. „Gutes Bier lob 'ich mir", H des
Kruges 37 cm, H der Gläser 17 cm.
(Bergmann, Erlangen, 7.12.96)

DM 420,– SCHENKKRUG

Deutschland, um 1920, grünes Glas
mit floral reliefierter Zinnmontur, H
23,5 cm.

DM 100,– VASE

Frankreich, um 1900, Glas mit aufgeschmolzenen Tropfen, H 23 cm.
(Metz, Heidelberg, 14.12.96)

DM 450,– VASE

wohl Lötz Wwe., Klostermühle, um 1900, grün lüstrierendes Glas mit aufgeschmolzenen Tropfen, eingedellte Wandung, H 20 cm.

DM 300,– VASE

auf 3-passigem Standfuß, Lötz Wwe., Klostermühle, um 1900, farbloses Glas mit Lavaüberfang und Netzdekor, H 18 cm.
(Metz, Heidelberg, 14.12.96)

DM 450,– VASE

Mellerio Frères, Verreries d'Aubervilliers, um 1890, farbloses Glas mit farbigen Kröseln zwischen den Schichten, Distelzweigdekor in Polier- und Reliefgoldmalerei, Innenwandung mit floralem Ätzdekor, H 29,5 cm.

DM 1500,– VASE

Cristallerie de Baccarat, um 1900, grünes, rotviolett überfangenes Glas mit floral geätztem Dekor, Binnenzeichnung in Gold, H 26,5 cm.

DM 1200,– VASE

Legras & Cie, St. Denis, um 1895, braunviolettes Glas mit violettem Überfang und eisglasartig strukturiertem Grund, floraler, goldgehöter Ätzdekor, später von Daum Frères sign.
(Dr. Fischer, Heilbronn, 22.3.97)

DM 460,– JUGENDSTILVASE

wohl Lötz Wwe., Klostermühle oder Ferdinand v. Poschinger, Bayer. Wald, grünes Milchglas, flammenartige, in die Wandung gezogene, weinrot-weiße Einschmelzungen, irisierende Oberfläche, Abriß, H 29 cm.

DM 440,– VASE

mit Metallmontierung, wohl Gebrüder Pallme-König & Habel, Kosten, gelbgrünes Uranglas mit kleinblasiger, silbrig irisierender Aufschmelzung, durchzogen von klaren Glasfäden, am Hals floral reliefierte Kupfermontierung, H 22,5 cm.

DM 800,– GESCHNITTENE VASE

Emile Gallé, Nancy, erhabene, dunkelviolette Brombeerranken auf mattiertem Grund, H 12,8 cm.

DM 190,– VASE

grünes Glas mit violett lüstrierender, tropfenförmig verzogener Aufschmelzung, eingeschmolzene braune Glastropfen und -fäden, im Mündungsbereich Spannungsriß, minimale Randbest., H 33 cm.

DM 570,– VASE

wohl Gebrüder Pallme-König & Habel, Kosten, farbloses Glas mit violett eingeschmolzenen Glasfäden und grünlichen Aufschmelzungen, irisierende Oberfläche, H 27 cm.
(Wendl, Rudolstadt, 14.–15.3.97)

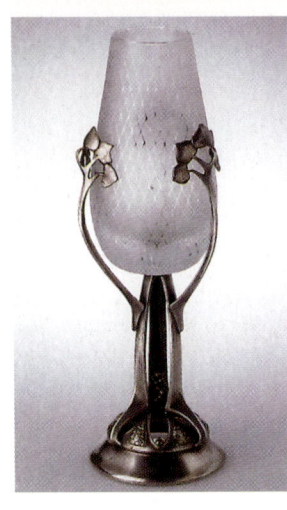

DM 550,– AUFSATZVASE

um 1910, ovale Glasvase mit mattierter Rautenätzung von 3 stilisierten, metallenen Astarmen gehalten, im Dreipaß gegliederter Jugendstilfuß, H 34,5 cm.
(Zeller, Lindau, 6.–10.5.97)

DM 750,– SCHALE

wohl Lötz Wwe., Klostermühle, um 1890, mit Metallmontierung, Mittelteil aus Milchglas mit braunen Fäden durchzogen, onyxartige Maserung, Metall vergoldet, H 18 cm.

DM 300,– SCHALE

mit Nickelmontierung, aus grünem Glas mit aufgeschmolzenen, mehrfarbigen Glasfäden und 3 gesprenkelten Blüten, Nickelrand mit dünnem Bügelhenkel, H 5,5 cm.

DM 650,– VASE

Gebrüder Pallme-König & Habel, Kosten, konische Vase mit oranger, mattierter, lüstrierender Oberfläche, darauf aufgeschmolzenes Netz violetter Glasfäden, H 25,5 cm.

DM 310,– KLEINE KANNE

mit Metallmontierung, 6-fach ausgewölbter Korpus aus grünlich-violettem Glas, mit klaren Glasfäden, Oberfläche perlmuttartig lüstrierend, H 20,5 cm.

DM 440,– DOSE

Gebrüder Pallme-König & Habel, Kosten, Mündung mit Nickelmontierung, 6-fach abgeflachte Wandung aus grünem, regenbogenfarben lüstrierendem Glas, aufgeschmolzenes Netz aus violettem Glas, H (mit Henkel) 23,7 cm.
(Wendl, Rudolstadt, 22.–23.3.96)

DM 785,– 2 SCHALEN

mit Untertassen, Italien, Anfang 20. Jh., hellgrünes Glas, ausladende Kuppa, Nodus und Stand mit gelber, gezwickter Fadenauflage, H 7 cm, Durchm. 16 cm.
(Dorotheum, Wien, 27.2.96)

DM 700,– SCHALE

auf Bronzesockel, Lötz Wwe., Klostermühle, um 1900, violett lüstrierendes Glas, H 14 cm, Durchm. 23 cm.

DM 390,– VASE

wohl Lötz Wwe., Klostermühle, um 1900, grün lüstrierender, gekämmter Überfang, H 23 cm.

DM 220,– VASE

wohl Fachschule Theresienthal, um 1910-1920, farbloses Glas mit Kaltgold- und Emailmalerei, H 23,5 cm. (Metz, Heidelberg, 14.12.96)

DM 850,– ZIERSCHALE

wohl Gebrüder Pallme-König & Habel, Kosten, um 1900, farbloses, grün unterfangenes Glas mit aufgelegtem, weißem und gekämmtem Fadendekor, mattlüstriert, Durchm. 20 cm. (Dr. Nagel, Stuttgart, 18.4.97)

DM 860,– GROSSE VASE

wohl Fritz Heckert, Petersdorf, Schlesien, um 1900, grün unterfangenes Glas, im oberen Teil mit optischen Vertikalrippen, Wandung mit farbig gemalten Blumenranken und Bändern mit Reliefemailkonturen, Goldrandlinien und gold gepudertem Rand, H 42,5 cm. (Dorotheum, Wien, 29.10.96)

DM 880,– JUGENDSTILVASE

farbloses und grün opakes Glas mit braun-grünem Überfang, sign. „Arsall",
aus dem Besitz der Prinzessin von Preussen, H 21 cm.
(Hampel, München, 27.–28.9.96)

DM 950,– VASE

Louis Comfort Tiffany, New York, Anfang 20. Jh., Favrile-Glas, 8-fach ge-
dellte Balusterform, silbrig und golden lüstriertes Glas, leicht irisierend mattiert, H 15 cm.
(Zeller, Lindau, 6.–10.5.97)

DM 990,– JUGENDSTILVASE

um 1900, gelbliches, opakes Glas mit braunen und grünem Überfang, flach
reliefierte Blüten- und Blätterdekoration, sign. „Arsall", H 27 cm.
(Hampel, München, 6.–7.12.96)

DM 1000,– VASE

Emile Gallé, Nancy, um 1900, farbloses, braun überfangenes Glas mit
floralem, geätztem und geschnittenem Dekor, sign., H 13 cm.
(Metz, Heidelberg, 14.12.96)

DM 1000,– VASE

Steinschönau, Böhmen, um 1915-1920, farbloses Glas mit umlaufend gelb und blau gemaltem Dekor, schwarz konturiert, geschnittener Mündungsrand, H 16,2 cm.
(Dorotheum, Wien, 29.10.96)

DM 1070,– VASE

Wilhelm Kralik Sohn, Eleonorenhain, um 1905–1910, violett unterfangenes Glas mit außen erhaben geätztem Blütenzweig, dieser mit silbergelben Pulveraufschmelzungen, irisiert, H 30 cm.

DM 1070,– VASE

Wilhelm Kralik Sohn, um 1905–1910, bräunlichopal unterfangene Glasvase mit außen eingearbeiteten, grün und rotbraun geäderten Blattzweigen, matt irisiert, H 34 cm.
(Dorotheum, Wien, 29.10.96)

DM 1070,– **6 GLÄSER**

in einem Glasträger, Wiener Werkstätte, 1905, bernsteinfarbene Bechergläser mit facettierter Wandung, quadratisch perforiertes, weiß emailiertes
Eisenblech mit übergreifendem Henkel, mit schwarzem Gummistempel,
stark abgenützt, 24,5 x 16,5 cm, H 20 cm.
(Dorotheum, Wien, 29.10.96)

DM 1070,– **VASE**

Lamartine, Frankreich, um 1910–1915, 4-kantige Form, farbloses Glas
weißopal, mit gelben, grünen und rosa Schlieren unterfangen, außen
geätzte und farbig staffierte Landschaft, sign., Produktionsnr. 327/712, H
20,3 cm.
(Dorotheum, Wien, 29.10.96)

DM 1140,– **PAAR VASEN**

Murano, Anfang 20. Jh., Kuppa und Fuß aus hellblauem Glas, Schwäne
aus farblosem Glas mit goldenen Aventurineinschlüssen, H 37 cm.
(Dorotheum, Wien, 27.2.96)

DM 1400,– STENGELGLAS

Meyr's Neffe, Adolf, Wien, um 1900, Fuß und Stengel aus dunkelgrünem, die optisch geblasene Kuppa aus farblosem Glas, als Dekor stilisierte Blütenkelche in goldkonturierter, bunter Transparentemailmalerei, sign., H 15,5 cm.

DM 1600,– STENGELGLAS

Meyr's Neffe, Adolf, Wien, um 1900, Fuß und Stengel aus blaßrosa, die Kuppa aus farblosem Glas, Blüten und Blattmotive in bunter, goldkonturierter Transparentemailmalerei, H 22,5 cm.

DM 480,– STENGELGLAS

Meyr's Neffe, Adolf, Wien, um 1900, Fuß und Stengel aus grünem, optisch geblasene Kuppa aus farblosem Glas, als Dekor stilisierte Blütenkelche in bunter, goldkonturierter Transparentemailmalerei, H 17,7 cm.

DM 1400,– STENGELGLAS

Meyr's Neffe, Adolf, Wien, um 1900, in Form und Dekor mit dem vorletzten Glas vergleichbar, H 22,3 cm.
(Dr. Fischer, Heilbronn, 29.6.96)

DM 1430,– 3 MOSELWEINGLÄSER

Wien, um 1906, farbloses, teilweise grün gefärbtes Glas, facettiert geschliffen, aus dem Tafelservice Nr. 130 von E. Bakalowits Söhne, H 17,5 cm.

DM 1430,– 3 WEINGLÄSER

Wien, 1901, farbloses, tlw. grün gefärbtes Glas, Kuppa optisch geblasen und geschliffen, H 19 cm.
(Wiener Kunstauktionen, Wien, 27.–28.3.96)

DM 1430,– GROSSE VASE

Beyermann & Co, Haida, um 1910–1915, hellgrünopal unterfangenes Glas, außen floraler Dekor in Reduktionsfarben, sign., H 30,5 cm.

DM 1715,– VASE

in Messingfassung, Josef Rindskopf's Söhne, Teplitz-Schönau, um 1900–1905, rubinrot unterfangenes Glas, außen gerillte, blau schillernd irisierte Oberfläche, stilisierte, florale Messingfassung, Fassung mit einer Lötstelle und Riß, H 35,5 cm.

DM 1140,– VASE

Josef Rindskopf's Söhne, Teplitz-Schönau, um 1900–1905, farbloses Glas mit diagonal gerillter Außenwandung, unten dunkelgrün und oben lachsopal unterfangen, außen mit silbergelbem Band spiralig umsponnen, matt irisiert, H 32,3 cm.
(Dorotheum, Wien, 29.10.96)

DM 1430,– VASE

in versilberter Messingmontierung, Argentor, Wien, um 1905, farbloses, geschliffenes und geplänktes Glas, Montierung mit Firmensignet „ARGENTOR,S", H 25 cm.
(Wiener Kunstauktionen, Wien, 16.–17.4.97)

DM 1500,– 12 BECHERGLÄSER

Deutschland, Anfang 20. Jh., farbloses Glas, im oberen Bereich verschiedenfarbig überfangen und lüstriert, mit Golddekor, H 10 cm.
(Dr. Nagel, Stuttgart, 18.4.97)

DM 1570,– **DECKELGLAS**

Friedrich Pietsch, Steinschönau, 1915–1916, farbloses Glas mit Schwarz-
lot- und transparenter Emailmalerei, Fond mit dichter Goldmalerei, Gold
ber., H 20 cm.
(Wiener Kunstauktionen, Wien, 2.–3.10.96)

DM 1700,– **ZIERVASE**

Lötz Wwe., Klostermühle, um 1900, rubinrotes Glas mit aufgeschmolzenen Silberplättchen, metallisch grün und violett irisierend, galvanische Silberauflage mit floralem Dekor, H 6,5 cm.
(Sigalas, Hildrizhausen, 12.–13.9.96)

DM 1710,– **KRUG**

Meyr's Neffe, Adolf, Wien, 1901,
formgeblasenes, farbloses Glas, De-
korbezeichnung „Meteor", angeschmolzener, kantiger Henkel, Entwurf Kolo Moser für E. Bakalowits
Söhne, Wien, H 14,8 cm.

DM 3570,– **SERVICE**

Meyr's Neffe, Adolf, Wien, 1901, 9
tlg.: Krug mit 8 Gläsern, formgeblasenes, farbloses Glas, Dekor „Mete-
or", H 14,6 cm bzw. 15 cm.
(Wiener Kunstauktionen, Wien, 1.–
3.10.96)

DM 1840,– **VASE**
....
Daum Frères, Nancy, um 1901, 4-kantige Form, mehrschichtiges, farbloses Glas, Innenschicht mit bernsteinfarbenen und nach oben weißlichen Einschmelzungen, mattgeätzter Fond, Dekor aus flachgeätzten Veilchenblüten und Emailmalerei, sign., H 11,4 cm.

SP DM 3500,– **VASE**
....
Daum, Nancy, um 1905, mehrschichtiges, farbloses Glas, weiße Einschmelzungen in der Innenschicht, partiell kobaltblau überfangen, geätzter Veilchendekor mit Emailmalerei, sign., H 8,5 cm.

DM 1725,– **VASE**
....
Daum, Nancy, um 1905, mehrschichtiges, farbloses Glas, Innenschichten mit hellgelben bis auberginefarbenen Einschmelzungen, in flacher Reliefätzung Akeleiblüten, Emailmalerei, sign., H 9 cm.
(Ketterer, München, 9.11.96)

DM 2140,– **VASE**
....
Josef Riedel, Polaun, um 1900, rechteckige, an den Seiten ausgestellte Form, farbloses Glas mit rosafarbenem, kobaltblauem und olivgrünem Überfang, als Dekor geätzte Seenlandschaft, H 16 cm.
(Dorotheum, Wien, 29.10.96)

DM 2285,– **FUSSVASE**
....
Lötz Wwe., Klostermühle, um 1914, weißopal unterfangenes Glas mit umlaufend eingearbeiteten, auberginefarbenen Vertikalfäden, schwarzer Nodus, Dekorentwurf nach Michael Powolny, H 20,3 cm.
(Dorotheum, Wien, 16.4.96)

DM 2200,– HOHE VASE

Lötz Wwe., Klostermühle, blaues Glas mit perlmuttartiger Oberfläche in Türkis bis Ocker, H 35 cm.

DM 120,– ART DÉCO-VASE

um 1920, 4-fach getreppte Form, farbloses Glas mit tropfig-gezogenen grünen und orangefarbenen Einschmelzungen, Oberfläche samtartig mattiert, H 20 cm.

DM 900,– JUGENDSTILVASE

um 1900, Entwurf wohl Legras, sign., oranges Glas mit milchigem, rötlich geädertem Überfang, relieferte Korallenzweige in rotbraunen Tönen neben großblättrigem Seetang, H 35,3 cm.

DM 1200,– VASE

wohl Verreries Schneider, Epinay-sur-Seine, mit Trikolore gemarkt, sandgelbes, geblasenes Glas mit dunkelvioletter Aufschmelzung in ornamentaler Verzierung, H 46 cm.

DM 630,– VASE

wohl Schneider, Epinay-sur-Seine, um 1925-1930, geblasene und überarbeitete Form, mattierter Fond, darüber türkise und violett-blaue, teils gitterartig geschnittene Farbglasschicht, H 22 cm.

DM 300,– LITHYALINGLASVASE

konische, facettierte Form mit Figurenrelief und geschliffenen, polierten Ornamenten, grünes Jadeglas, H 23,5 cm. (Wendl, Rudolstadt, 20.–21.9.96)

DM 2300,– ZIERVASE

in Bronzemontierung, Louis Comfort Tiffany, New York, um 1900, farblos überfangenes, milchiges Opalglas mit 6-fach federnartig gezogenem, silbergelbem Fadendekor, perlmuttfarben matt lüstriert, gerippter Rundfuß aus patinierter Bronze, sign., H 39,3 cm.

DM 2600,– TISCHLAMPE

Louis Comfort Tiffany, New York, um 1900, 8-fach gefalteter Schirm aus farblosem Favrileglas, gold und perlmuttfarben lüstriert, Kerzenhülle aus farblos überfangenem Milchglas mit gekämmtem, grünem Dekor, darunter gerippt, gedrehter Rundfuß mit Tropfschale, sign., Haarriß am Kerzenstecker, H 36,3 cm. (Schloß Ahlden, Aller, 2.–3.5.97)

DM 2300,– **EIFÖRMIGE DOSE**
....
Emile Gallé, Nancy, um 1895, rauchfarbenes, spiraloptisch geblasenes Glas, geätzter und patinierter Blüten- und Blattdekor, sign., H 15,5 cm.

DM 1380,– **EIFÖRMIGE DOSE**
....
Emile Gallé, Nancy, um 1895, Gegenstück, Deckelkragen leicht beschliffen, H 11 cm.

DM 2990,– **PARFÜMFLAKON**
....
Emile Gallé, Nancy, um 1900, rauchgrünes Glas mit violettbraunen Fleckeneinschmelzungen, floraler Dekor in Emailfarben, bez. „parfum desertus", sign., Korkstopfen mit ovalem Achatcabochon (Tigerauge), H 9,8 cm. (Ketterer, München, 9.11.96)

DM 2430,– **VASE**
....
Lötz Wwe., Klostermühle, 1914, Glas mit opalweißem Unterfang und aufgelegten dunkelvioletten Fäden, Dekor „gre 157 opal mit schwarz", Entwurf Michael Powolny für die Werkbundausstellung 1914, H 13,8 cm.

DM 1860,– **VASE**
....
Lötz Wwe., Klostermühle, 1915–1920, farbloses, rot unterfangenes Glas mit farblosen Füßen, nach einem Entwurf von Kolo Moser 1900, H 12,5 cm.

DM 2860,– **VASE**
....
Lötz Wwe., Klostermühle, 1900, Glas mit aufgeschmolzenen, dunkelblauen Glasfäden und darübergelegten Flecken, reduziert und irisiert, H 10,3 cm.
(Wiener Kunstauktionen, Wien, 11.–12.6.96)

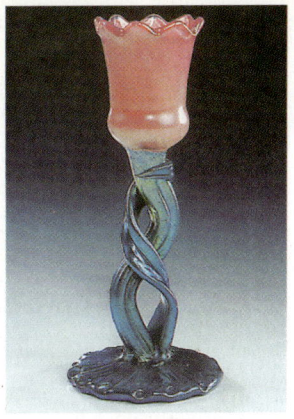

DM 2500,– TULPENVASE

Lötz Wwe., Klostermühle, um 1900, Fuß und spiralig geformter Stengel aus kobaltblauem Glas, bunt irisiert, Kuppa aus farblosem, matt irisiertem Glas mit rosa Opalunterfang, H 16,5 cm.
(Dr. Fischer, Heilbronn, 22.3.97)

DM 2500,– ZIERVASE

mit Silberauflage, Lötz Wwe., Klostermühle, um 1900–1905, grünes Glas mit kobaltblauer Kröselaufschmelzung, dichter Papillondekor, perlmuttfarben matt irisierend, galvanische Silberauflage aus Bandornamenten, aufgelegter Glascabochon, H 12 cm.

DM 1600,– ZIERVASE

mit Silberauflage, Lötz Wwe., Klostermühle, um 1900, rosafarbenes Opalglas, farblos überfangen, perlmuttfarben matt irisiert, „Candia-Silberis"-Dekor, galvanische Silberauflage, H 6,5 cm.

DM 1100,– ZIERVASE

Lötz Wwe., Klostermühle, 1903, mit vergoldeter Zinnmontierung, weißliches Opalglas farblos überfangen, gekämmter, roter Fadendekor, dazwischen runde Tupfen in Silbergelb, matt irisiert, Montierung mit ausgestelltem Stand und 8-fach gewellter Mündung, H 15,4 cm.

DM 1800,– VASE

mit Silberauflage, Lötz Wwe., Klostermühle, um 1898, grünes Glas, perlmuttfarben matt irisiert, frontseitige, galvanische Silberauflage, H 13,1 cm.
(Schloß Ahlden, Aller, 29.–30.11.96)

DM 2570,– VASE

Harrach'sche Hütte, Neuwelt, Böhmen, 1900–1903, farbloses, im oberen Bereich opak unterfangenes Glas, optisch geblasen, Stiefmütterchen in pastoser Emailmalerei und Gold, H 35,5 cm.
(Wiener Kunstauktionen, Wien, 2.–3.10.96)

DM 2570,– VASE

Daum Frères, Nancy, um 1915, farbloses Glas mit bunten Pulvereinschmelzungen, innen weiß mattiert, außen himbeerrot und rotviolett überfangen, als Dekor geätzte Blütenzweige auf mattiertem Grund, sign., H 20,2 cm.

DM 6430,– VASE

mit Apfelblüten, Daum, Nancy, um 1910–1915, farbloses Glas mit dichten gelben und unten dunkelbraunen Farbpulvereinschmelzungen, außen dunkelbraun überfangen mit weißen, aufgeschmolzenen Blüten, mattierter Grund, sign., H 30,8 cm.

DM 2140,– TISCHLAMPE

Daum, Nancy, um 1915, farbloser Glasschirm mit dichten Farbpulvereinschmelzungen, außen mattiert, dunkel patinierte Eisenfassung und -fuß, elektrifiziert (o. G. für die Funktion), sign., H 28,2 cm. (Dorotheum, Wien, 29.10.96)

DM 2570,– LÜSTER

Lötz Wwe., Klostermühle, 1904, 4-flammig, farbloses Glas mit Fadenaufschmelzungen, Dekor „Blitzglas", Messingmontierung, jedes Kabel mit 4 Glaskugeln, erneuerte Elektrifizierung, Durchm. 35 cm, L 100 cm. (Wiener Kunstauktionen, Wien, 2.–3.10.96)

DM 2700,- LIKÖRSERVICE

Bayerischer Wald, um 1900, 7 tlg.: Karaffe und 6 Stengelgläser, farbloses und grünes, optisch geblasenes Glas mit ornamentaler Gold- und Transparentemailmalerei, mit weißem Reliefemail konturiert, H 36 bzw. 15,5 cm. (Dr. Fischer, Heilbronn, 22.3.97)

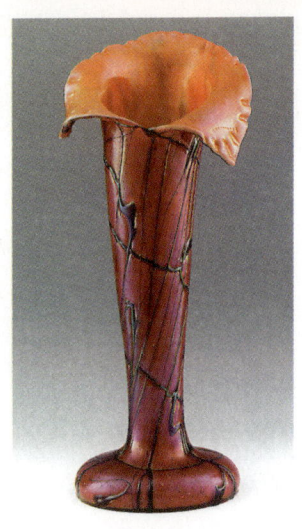

DM 2860,– VASE

Gebrüder Pallme-König & Habel, Kosten, um 1900, farbloses, opalweiß und lachsfarben unterfangenes Glas, purpurrot überfangen, darauf ein unregelmäßiges Netz aus dunkelvioletten Glasfäden, reduziert und irisiert, an den Rändern gezwickte Mündung, H 46,8 cm.
(Wiener Kunstauktionen, Wien, 16.–17.4.97)

DM 2875,– VASE

Daum Frères, Nancy, um 1905, Balusterform, mehrschichtiges, farbloses Glas, Fond eisglasartig geätzt, dunkelgrün auf zyklamrosa überfangen, geätzter Heckenrosendekor, sign., H 17 cm.

DM 2300,- SCHALE

Daum, Nancy, 1900–1910, mehrschichtiges, farbloses Glas, Innenschicht mit weißlichen Einschmelzungen, mattiert, orange und grün überfangen, geätzter Blütendekor, martelliert und feuerpoliert, sign., H 7,8 cm, Durchm. 20,6 cm.
(Ketterer, München, 9.11.96)

DM 3000,– VASE

Josef Riedel, Polaun, um 1900, farbloses, blaugrau irisiertes und matt graviertes Glas mit reichem, floralem Dekor in Polier-, Reliefgold und bunter Opakemailmalerei, sign., H 15,2 cm.
(Dr. Fischer, Heilbronn, 19.10.96)

DM 3000,– PAAR DECKELPOKALE
Johann Oertl & Co, um 1912, farbloses, goldgelb gebeiztes Glas mit geschliffenem Dekor, Kuppa auf geschliffenem Nodus und hohem Trompetenfuß, Deckel mit facettiertem Knauf, sign., H 38 cm.
(Sigalas, Hildrizhausen, 27.–28.2.97)

DM 3300,– LAMPE
wohl Emile Gallé, Nancy, um 1900, keulenförmiger Standfuß mit schalenartigem Schirm, Eisenmontur als Halterung (verbogen), braunroter Überfang mit flach reliefiertem Muster in Blatt-, Blüten- und Knospendekor, Schaft und Schirm sign., H 70 cm.
(Hampel, München, 12.4.97)

DM 3200,– ZIERVASE

Ferdinand v. Poschinger, Bayer. Wald, um 1900, farbloses Glas, innen gelborangefarben überfangen, außen unregelmäßig von grünen Fäden umsponnen, mit ausgezogenen Tropfornamenten, matt irisiert, H 35,5 cm.

DM 2500,– ZIERVASE

F.v. Poschinger, Bayer. Wald, um 1903 farbloses Glas, innen milchiggrün unterfangen, außen aufgelegte Glasfäden in Grün mit orangeroten Glasnuppen, Entwurf Georg Carl v. Reichenbach, H 20,5 cm.
(Schloß Ahlden, Aller, 17.–18.5.96)

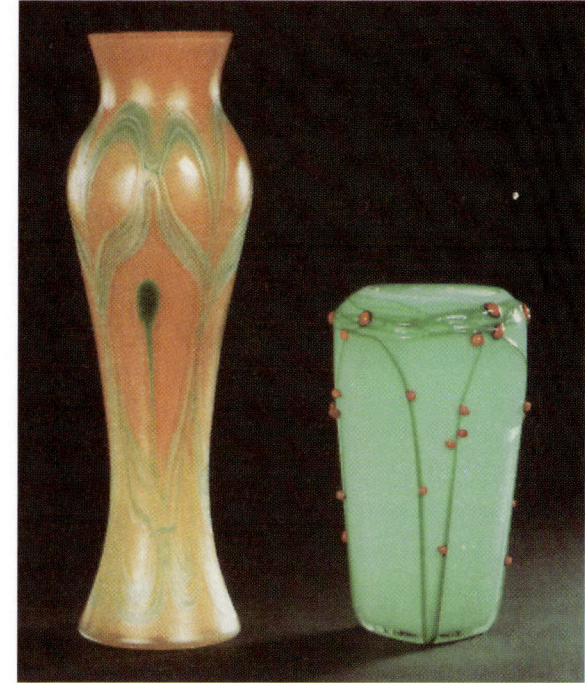

DM 3300,– VASE

Daum Frères, Nancy, farbloses Glas mit goldgelben, eingeschmolzenen Glasschlieren, orange-braun mit herausgearbeiteten Blüten und Blättern überfangen, am Fuß sign., Fuß gebrochen und restaur., H 60 cm.

DM 2200,– PETROLEUM-STANDLAMPE

Lötz Wwe., Klostermühle, um 1890–1900, produziert für Fam. Sonnenschein in Wien, Petroleumbehälter aus grünem Glas mit floraler Emailbemalung, tulpenförmiger Lampenschirm aus rosafarbenem Glas mit reliefierten, hellgrünen Lilien, Metallfuß, farbloser Glaszylinder, gem. „S. Reich & Co. Wien", Zertifikat vom Nationalmuseum Prag, H 76 cm.

DM 1600,– BOWLE

WMF, um 1900, Glaseinsatz, zum Boden hellgrün getönt und mattgeschliffene Tulpen, Metallmontierung mit zwei plastischen Frauen, Deckel mit durchbrochener Handhabe, Reste von Versilberung, H 43,5 cm.

DM 2200,– JUGENDSTILTISCHLAMPE

mit Faun, 1922, dat. und sign. „V. Zelman", stehende Bronzeplastik eines Fauns mit weißem Milchglasschirm in der Hand, H 75 cm.
(Wendl, Rudolstadt, 14.–15.3.97)

DM 3500,– PRUNKSPIEGEL

Murano, nach 1900, oktogonaler Spiegel in facettiertem Rahmen mit Volutenzungen und Kartuschenbekrönung, allseitig verspiegelt, mit Glasflußkanten, Glasblättern und Glasrosen, Ziergravuren in Form von Blütenranken und in Form der Markuslöwen, ein Spiegelglas besch., 155 x 95 cm. (Zeller, Lindau, 8.–12.10.96)

DM 3570,– VASE

um 1914, weißopal unterfangenes Glas mit umlaufend eingearbeiteten, auberginefarbenen Vertikalfäden und angeschmolzener, schwarzer Randlinie, Dekor- und Formentwurf nach Michael Powolny, Durchm. 23,8 cm, H 16,5 cm. (Dorotheum, Wien, 16.4.96)

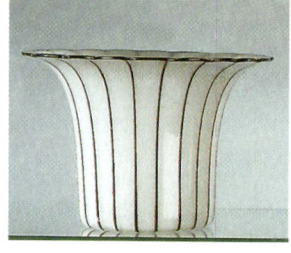

DM 3800,– VASE

Harrach'sche Hütte, Neuwelt, Böhmen, um 1900, farbloses Glas mit eingeschmolzenen grünen und rotvioletten Glasposten, Blüten, Knospen und Blattwerk des Mohns als mattgeschnittener Dekor, gravierte Binnenzeichnung, geschliffener und gezackter Rand, H 21 cm. (Dr. Fischer, Heilbronn, 29.6.96)

DM 4000,– BECHERGLAS

Lobmeyr, Wien, um 1912, farbloses Glas mit Schwarzbronzitdekor, Entwurf Josef Hoffmann, H 10 cm. (Dorotheum, Wien, 16.4.96)

DM 4140,– VASE

Emile Gallé, Nancy, um 1900, seitlich gekniffene Form, mehrschichtiges, grün getöntes Glas mit verschiedenen, bandartig verzogenen Einschlüssen, Innenschicht matt geätzt, partiell himbeerrot überfangen, teilweise reliefiert, martelliert und feuerpoliert, mit zinnoberroten Opakaufschmelzungen, sign., H 12,5 cm.
(Ketterer, München, 9.11.96)

DM 4285,– BECHERVASE

Daum Frères, Nancy, um 1900–1901, farbloses Glas mit flockigweißen, in der unteren Hälfte auch violetten Pulvereinschmelzungen, außen geätzter, farbig und gold staffierter Fuchsiendekor auf mattiertem Grund, sign., H 12,3 cm.

DM 4000,– BECHERVASE

Daum, Nancy, um 1900–1905, farbloses Glas mit weißen, unten auch violetten Pulvereinschmelzungen, außen geätzter, farbig und gold staffierter Veilchendekor auf mattiertem Grund, sign., H 12,5 cm.

DM 3140,– VIERKANTVASE

Daum, Nancy, um 1910, Glas, im unteren Teil mit auberginefarbenen, sonst grünlichen und gelben Pulvereinschmelzungen, außen weißopal überfangen, geätzter und farbig staffierter Vogelbeerendekor, sign., H 12,2 cm.
(Dorotheum, Wien, 29.10.96)

DM 4430,– DECKENLEUCHTE

Wien, um 1910, Messingmontierung mit Verglasung, 10-eckiger Querschnitt, ovaler Deckenabschluß, unterer Teil aufklappbar, H 32 cm.
(Wiener Kunstauktionen, Wien, 16.–17.4.97)

DM 4710,– BLUMENSCHALE

Wiener Werkstätte, Ausführung Lötz Wwe., 1908, farbloses Glas mit Schwarzlot und Gold dekoriert, Entwurf Otto Prutscher für die Kunstschau 1908 in Wien, Gold teilweise ber., H 8,2 cm, Durchm. 22 cm. (Wiener Kunstauktionen, Wien, 1.–3.10.96)

DM 4800,– LAMPENSCHIRM

Emile Gallé, Nancy, um 1905–1910, farbloses, grün und rotbraun überfangenes Glas mit altrosafarbenem Opalunterfang, Farnblätter als Ätzdekor, sign., Durchm. 30 cm. (Dr. Fischer, Heilbronn, 22.3.97)

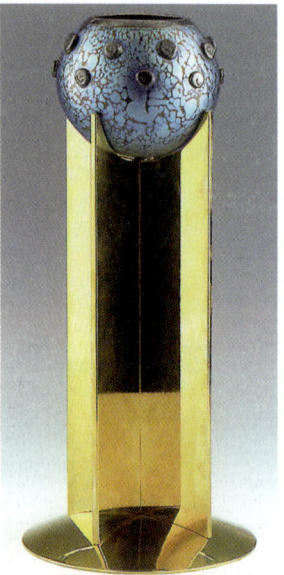

DM 5000,– VASE

mit Messingmontierung, Lötz Wwe., Klostermühle, 1902, kobaltblaues Glas mit aufgeschmolzenen Silbergelbkröseln, reduziert und irisiert, zusätzlich aufgeschmolzene, versilberte Auflagen, versilberter Mündungsrand, Messingmontierung nach dem Original gefertigt, Entwurf Gisela von Falke, H 37 cm. (Wiener Kunstauktionen, Wien, 2.–3.10.96)

DM 5000,– DECKENLAMPE

Emile Gallé, Nancy, um 1905–1910, farbloses, blau überfangenes Glas mit lachsfarbenen Teilunterfängen, Trichterblüten mit Blattranken als Ätzdekor, Rand restaur., sign., Orignalmetallmontierung, Durchm. 39,5 cm. (Dr. Fischer, Heilbronn, 22.3.97)

DM 5000,– TISCHLAMPE

Gebrüder Pallme-König & Habel, Kosten, um 1910, Schirm aus farblos überfangenem Milchglas mit rotviolettem Fadendekor und gelben Tupfen, perlmuttfarben matt lüstriert, Messingfuß in Gestalt eines Baumstammes, Schirmmontierung in der Art von stilisierten Zweigen mit umlaufendem Blattkranz und eingelegten roten Glassteinen, elektrifiziert, H 53 cm, Durchm. 39 cm.
(Schloß Ahlden, Aller, 2.–3.5.97)

DM 5000,– VASE

Wilhelm Kralik Sohn, Eleonorenhain, um 1900, farbloses, dunkelblau unterfangenes Glas, umsponnen mit Silbergelbfäden, reduziert und irisierend, 3-passige Mündung, H 16,2 cm.
(Wiener Kunstauktionen, Wien, 16.–17.4.97)

DM 5800,– TISCHLAMPE

Louis Comfort Tiffany, New York, um 1910, glockenförmiger Schirm aus milchig opaleszentem Favrileglas farblos überfangen, gekämmter Dekor aus blauen und braunen Fäden, perlmuttfarben matt irisiert, grün patinierter Bronzefuß mit Tatzen, sign., elektrifiziert, H 42 cm, Durch. 18 cm.
(Schloß Ahlden, Aller, 2.–3.5.97)

DM 5980,– VASE

Lötz Wwe., Klostermühle, um 1900, konische Form mit ausgezogenen Henkeln, farbloses, opaleszierendes Glas, von Silberfäden umsponnen, perlmuttfarben mattlüstriert, Dekor „Opal Phänomen Gre 358", 1 Henkel minimal beschliffen, H 14 cm.

DM 10.350,– VASE

Lötz Wwe., Klostermühle, um 1900, sign. Loetz Austria, doppelkürbisförmig, opaleszierendes Glas farblos überfangen, mit Silberfäden verziert und perlmuttfarben mattlüstriert, Dekor „Opal Phänomen Gre 358", H 17,6 cm.
(Ketterer, München, 9.11.96)

DM 6200,– ZIERSCHALE

Daum Frères, Nancy, um 1900, farbloses Glas durch Pulvereinschmelzungen oben milchig und unten flockig gelb erscheinend, Rosenzweige mit Blüten und Knospen in bunter Transparentemail- und Goldmalerei, dazwischen rote bzw. grüne Cabochons, unterhalb der Mündung goldkonturierte Bogenbordüre, sign., H 9 cm, 29 x 19 cm.
(Schloß Ahlden, Aller, 17.–18.5.96)

DM 6430,– VASE

Lötz Wwe., Klostermühle, 1903, farbloses Glas, dunkelblau unterfangen, aufgeschmolzene Silbergelbflecken, reduziert und grün/blau irisierend, originale Messingmontierung, H 22 cm.
(Wiener Kunstauktionen, Wien, 16.–17.4.97)

DM 6800,– PAAR KARAFFEN

mit feuervergoldeter Silbermontierung, Bruckmann & Söhne, Heilbronn, um 1900, tropfenförmige
Wandung mit hohem Hals, reliefierte, tlw. vollplastische Montierung in
Gestalt eines bogenförmigen Reb-
stockes mit der Figur einer Mänade,
frontal Monogrammkartusche, als
Stöpsel vollplastischer Putto, 800er
Silber, minimal best., H 41,2 cm.
(Schloß Ahlden, Aller, 20.–21.9.96)

DM 7500,– ZIERVASE

Lötz Wwe., Klostermühle, um 1901, bernsteinfarbenes Opalglas mit gra-
vierter, galvanischer Silberauflage, Glas mit Silberfadendekor, gold und
perlmuttfarben matt irisiert, H 19,8 cm.
(Schloß Ahlden, Aller, 29.–30.11.96)

DM 7590,– SCHALE

Daum Frères, Nancy, um 1895, bauchige Form mit 4-fach gekniffener Mündung, mehrschichtiges, farbloses Glas rubinrot überfangen und mit Blüten
reliefiert, geätzter und geschnittener Dekor, H 13,5 cm.
(Ketterer, München, 9.11.96)

DM 7600,– 22 STENGELGLÄSER

Theresienthal, um 1900–1914, auf schlankem Schaft versch. Kuppaformen, innen optisch vertikal gerippt, farbloses, roséfarbenes bzw. grünliches Glas, umlaufende Blüten und Blätter in goldkonturierter Transparentemailmalerei, H 14 - 14,5 cm. (Schloß Ahlden, Aller, 17.–18.5.96)

DM 8000,– ESMERALDA-ZIERVASE

Lötz Wwe., Klostermühle, um 1904, in vergoldeter Metallmontierung, farbloses Glas, innen gelborange überfangen, außen eingeschmolzener, schwarzer Rundbogenfries mit Herzblattornamenten, Metallmontierung mit 3 vom Stand- zum Mündungsring verlaufenden Henkeln, H 15 cm. (Schloß Ahlden, Aller, 17.–18.5.96)

DM 10.710,– TINTENFASS

mit Federablage, Lobmeyr, Wien, 1911, farbloses, geschliffenes Glas, quadratische Ablage mit Randkanneluren und quaderförmiges Tintenfaß, kannelierte Wandungen mit Steinelschliffkränzen, Entwurf Josef Hoffmann, L der Ablage 21,8 cm, H des Tintenfasses 10 cm. (Wiener Kunstauktionen, Wien, 16.–17.4.97)

DM 11.500,– BODENVASE

Daum Frères, Nancy, 1912–1914, balusterförmig, Überfangglas mit wein-
roten und orangefarbenen Einschlüssen, dunkelgrün überfangen, mattgeätzter Dekor aus Khakibaumzweigen bestehend, sign., H 60 cm.
(Ketterer, München, 11.5.96)

DM 11.800,– ZIERVASE

Emile Gallé, Nancy, um 1905, farbloses Glas, innen gelb und außen hellblau, violett und braun überfangen, als Dekor Fuchsienzweige auf mattiertem Fond reliefiert geätzt, sign., H 22 cm.
(Schloß Ahlden, Aller, 17.–18.5.96)

DM 12.800,– TISCHLAMPE

Lötz Wwe., Klostermühle, um 1900, ovaler Fuß mit mittig eingesetzter
Schale, rückseitig hochgeschweifter Schaft, fächerartig gegliedert, patinierte Bronze mit silbrigen Ziernieten besetzt, wohl von Gustav Gurschner,
Schirm aus farblosem Glas, innen leicht opalisierend, grün überfangen,
außen orangebrauner Fleckendekor mit 6 Rundmedaillons, winzige Randbest., H 42 cm.
(Schloß Ahlden, Aller, 17.–18.5.96)

DM 12.855,– VASE

in Bronzemontierung, Lötz Wwe., Klostermühle, 1899, Glas, umsponnen von Silbergelbbändern, modelgeformt, reduziert, grün-blau irisiert, Abschluß aus farblosem Glas, Montierung mit drei Stützen in stilisierter Form von Mistelzweigen, Entwurf für E. Bakalowits Söhne, H 38,5 cm.
(Wiener Kunstauktionen, Wien, 2.–3.10.96)

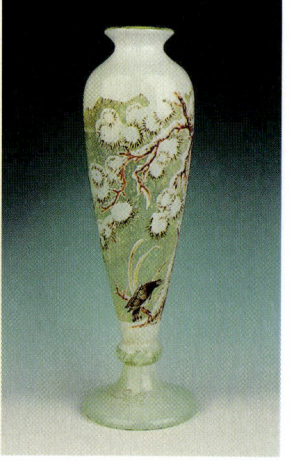

DM 13.800,– VASE

Emile Gallé, Nancy, um 1898, schlanke Balusterform, zartgrünes Glas, Innenschicht mit Metalleinschmelzungen, opak weiß überfangen, geätzter Dekor mit Email- und Schwarzlotmalerei, bez. „Dans les neiges en fleur le jeune an souriait", sign. Gallé, H 34,5 cm.
(Ketterer, München, 9.11.96)

DM 17.140,– VASE

in vergoldeter Metallmontierung, Lötz Wwe., Klostermühle, um 1902–1903, die Mündung zu 4 Spitzen nach oben ausgezogen, gelbopal unterfangenes Glas mit außen aufgeschmolzenem Silbergelbkrösel, irisiert, „Medici"-Dekor, Montierung der Fa. Argentor, Wien, sign., H 33,5 cm.
(Dorotheum, Wien, 16.4.96)

DM 17.250,– VASE

Daum Frères, Nancy, um 1898, Modell „colchiques", Kalebassenform, Überfangglas mit farbigen Einschlüssen und dunkelgrünen Pulveraufschmelzungen, geätzter und geschnittener Krokusdekor mit Blüten, nadelgeätzte Binnenzeichnungen, Fond in Marteléschliff, sign., H 30,4 cm.
(Ketterer, München, 11.5.96)

DM 17.500,– HENKELVASE

Lötz Wwe., Klostermühle, um 1901, bauchige Wandung mit 3-passigem Mündungsrand, 3 aus der Wandung gezogene, oben angeschmolzene Henkel, farbloses Glas, innen rosa unterfangen, außen gold schimmernd irisiert mit gestreuten Silbergelbflecken, Dekor „rosa Phänomen Genre", sign., H 11 cm.
(Schloß Ahlden, Aller, 17.–18.5.96)

DM 22.000,– TISCHLAMPE

Louis Comfort Tiffany, New York, um 1910, 3-flammig, Schirm aus verbleitem, vielfarbigem Opalglas mit umlaufendem Fries aus Stiefmütterchen auf grünem Fond, Stand und Balusterschaft aus braun patinierter Bronze, sign., Modellnr. 3338 bzw. 1448, H 55 cm, D 41 cm.
(Schloß Ahlden, Aller, 2.–3.5.97)

DM 30.000,– TISCHLAMPE

„Dogwood", Louis Comfort Tiffany, New York, um 1902, grün patinierte Bronze mit vasenförmigem Korpus und einer 3-armigen Halterung, mittig aufgewölbter Schirm aus verbleitem Opaleszentglas, als Dekor über den geometrischen Friesen sog. Dogwood Flower Belts, oberhalb runde, bunte Glascabochons, Fuß und Schirm sign., Nr. 181 und 1578, H 60 cm, Durchm. 41,5 cm.
(Schloß Ahlden, Aller, 17.–18.5.96)

DM 80,– **DECKELDOSE**

wohl Steinschönau, Böhmen, um 1920, farbloses Glas mit schwarzer Ornamentbemalung, H 14 cm.

DM 200,– **KRUG**

Böhmen, um 1900, farbloses, lüstrierendes Glas mit floraler Goldmalerei, H 12 cm.
(Metz, Heidelberg, 14.12.96)

DM 90,– **ART DÉCO-VASE**

schlanke Form, oranges Glas mit farblosem Überfang, am Fuß blaue und violette Aufschmelzungen, Mündung minimal best., H 31 cm.

DM 110,– **VASE**

WMF-Myra, silbergelbes Glas mit opalisierender Oberfläche am ausgezogenen Rand gelb-violette Irisschicht, 2 minimale Randbest., H 14,2 cm.

SP DM 330,– **ART DÉCO-TAFELAUFSATZ**

Nouvion, Frankreich, sign., farbloser Fuß mit geätzter Reliefierung, eisgrundartig geätzte Schale mit gelbem Überfang und geätztem Schuppengitterwerk, mittig Stern, kl. Best., H 22 cm.

DM 90,– **GRÜNE VASE**

in linienförmiger Anordnung weiß-blaue Emailsprenkler sowie silberne und goldene Einschmelzungen, H 15,5 cm.

DM 900,– **JUGENDSTILVASE**

Legras & Cie., sign., gelb-orange gesprenkeltes Glas mit Glimmereinschmelzungen, farblos überfangen, mattierte Oberfläche mit Mohnblüten verziert, H 31,5 cm.
(Wendl, Rudolstadt, 14.–15.3.97)

DM 100,– **SCHALE**
....
Lötz Wwe., Klostermühle, 30er Jahre, konische Form, leicht getreppt, farbloses Glas mit weißer Eisglasstruktur, H 9 cm, Durchm. 26 cm.

DM 220,– **SCHALE**
....
WMF, über 6-fachem Rippmodel geblasen, violettbraune Farbeinschmelzungen, braun verlaufender Rand, farblos überfangen, silberweißes Netz, H 8cm, Durchm. 25,5 cm.

DM 140,– **GELBE ART DÉCO-SCHALE**
....
Lötz oder WMF, farbloses Glas mit krakeleeartigen, gelben Pigmenteinschmelzungen, verschliffener Abriß, H 6,5 cm, Durchm. 30 cm.

DM 120,– **GRÜNE ART DÉCO-SCHALE**
....
WMF, farbloses Glas mit weißem Fadennetz, über 8-fachem Rippmodel geblasen, rostbraun pigmentierte Vertiefungen, Rand oxydgrün gefärbt, H 7,5 cm, Durchm. 27,5 cm.

DM 130,– **SCHALE**
....
WMF, farbloses Glas mit silberweißem Netz, im Spiegel 8-fach strahlenförmig und am Rand verlaufend rote Einschmelzungen, H 7 cm, Durchm. 26 cm.
(Wendl, Rudolstadt, 14.–15.3.97)

DM 120,– **HENKELVASE**
....
Wien, um 1920, gelb überfangenes Glas mit schwarzem Henkel, Entwurf wohl Michael Powolny, H 23 cm.

DM 800,– **VASE**
....
wohl Daum Frères, Nancy, um 1920, gelb/rot poliertes Glas mit Eisenummantelung, H 28 cm.
(Metz, Heidelberg, 14.12.96)

DM 120,– ART DÉCO-SCHALE

Deckelschale mit Silberauflage, oranges Kristallglas mit Olivschnitt , Bodenstern, Deckel mit filigran durchbrochenem Silberband, Deckelkante innen best., H 11 cm.

DM 500,– ART DÉCO-VASE

10-fach facettierte Wandung, konische Form, braunes Kristallglas, vergoldetes Reliefband mit röm. Kriegern, H 20,5 cm.

DM 360,– ROTE VASE

mit Silbermalerei wohl um 1920, dünnwandiges Glas, Fuß und Abriß aus farblosem Glas, Wandung aufwendig mit veneziansicher Ansicht und Rokokopaar bemalt, H 22 cm.

DM 360,– ART DÉCO-LIKÖRSERVICE

Karaffe mit 6 Gläsern, Rauchglas mit durchbrochener Silberauflage, teils beschliffenes Kristallglas, 1 Glas mit Riß am Rand, 1 minimal best., H 20,5 bzw. 6 cm.

DM 360,– KARAFFE

mit Silberrand WMF, facettierter Korpus, starkwandiges, gelb-grünes Kristallglas, gemarkter Silberring, H 22 cm.

DM 35,– DECKELDOSE

facettierte Wandung, olivgrünes Kristallglas, Bodenstern, minimal best., H 9,5 cm, L 11,5 cm.
(Wendl, Rudolstadt, 20.–21.9.96)

DM 140,– SCHALE

WMF, um 1930, Ikoraglas, farbloses Glas mit gelben und braunen Einschmelzungen, Durchm. 24 cm.

DM 150,– ZIERVASE

WMF, um 1930, Ikoraglas, farbloses Glas mit roten, gelben und grauen Einschmelzungen, H 13,5 cm.
(Sigalas, Hildrizhausen,
28.–29.11.96)

DM 130,– ART DÉCO-SCHALE
....
Böhmen, um 1920, farbloses Glas
mit opakweißem Unterfang und gelber Lasur, 2 aufgeschmolzene ko-
baltblaue Cabochons und horizonta-
ler Fadendekor, Durchm. 24 cm.

DM 200,– VASE
....
wohl Lötz Wwe., Klostermühle, um
1915, grünes Glas mit rotbraunem,
gekämmtem Faden- und Fleckendekor, H 16 cm.
(Bergmann, Erlangen, 8.3.97)

DM 155,– TRICHTERVASE
....
WMF, silbergeätztes Myraglas, perlmuttartig glänzend, am Rand violett, Rand mit eingerissener Irisschicht, H
13,5 cm.

DM 240,– SCHALE
....
WMF, runde Form mit 4-fach blütenförmigem Rand, opalisierendes, perlmuttartig bedampftes und silbergeätztes
Glas, H 5,5 cm, Durchm. 14,5 cm.

DM 80,– VASE
....
WMF, glockenförmig, opalisierende
Oberfläche in Blau-und Lilatönen, kl.
Randbest., H 11 cm.

DM 180,– JUGENDSTILVASE
....
Böhmen, Milchglasvase, transparent
überfangen, unterhalb der Mündung
Tropfen aus klarem, smaragdgrünem
Glas, H 16 cm.

DM 220,– VASE
....
Barovier & Toso, Murano, um 1930,
12-fach gerippte Wandung, rubinrotes Glas mit Goldeinschmelzung,
H 8,7 cm.

DM 800,– FUSS-SCHALE
....
Lötz Wwe., Klostermühle, um 1915, Entwurf Dagobert Peche, flache Schale aus farblosem, mit Weißopal unter-
fangenem Glas, Blumen in Schwarzlotmalerei, Fuß aus violettem Glas mit Emailpunktbändern, H 15 cm.

DM 120,– PAAR KLEINE VASEN
....
WMF, kugelförmige Form und Vase mit hohem Hals, gelbgrünes Glas mit perlmuttartig glänzender Wandung in
Regenbogenfarben, H 8 bzw. 5,5 cm.
(Wendl, Rudolstadt, 14.–15.6.96)

DM 140,– **VASE**

wohl Theresienthal, um 1920, farbloses Glas mit Kaltgoldbemalung und roten Streifen, H 13,5 cm.

DM 200,– **BECHERVASE**

Frankreich, dickes, violett überfangenes Glas mit umlaufendem Figuralrelief, H 14,5 cm.
(Metz, Heidelberg, 14.12.96)

SP DM 160,– **PAAR ART DÉCO-VASEN**

Böhmen, oranges Glas mit farblosem Überfang, am Fuß bunte Einschmelzungen, H 18 cm.

DM 330,– **GROSSE SCHALE**

WMF, wohl 20er Jahre, farbloses Glas mit silbrig weißem Netz und strahlenförmigen, braunen Pigmentstreifen, Rand korallenrot auslaufend, verschliffener Abriß, Durchm. 34,5 cm.

DM 50,– **ART DÉCO-VASE**

leuchtend farbig überfangenes Milchglas, optisch gerippt, verschliffener Abriß, H 15,7 cm.

DM 100,– **JUGENDSTILSCHALE**

Poschinger, rosafarbenes, opakes Glas, mittig aufgeschmolzene Glasfäden mit orangen Glasperlen, 2 kleine Randbest., H 5,7 cm.

DM 30,– **FARBIGER GLASKRUG**

30er –50er Jahre, zum Rand hin gelblich werdend, Abriß ausgekugelt, H 24 cm.
(Wendl, Rudolstadt, 14.–15.3.97)

DM 160,– **VASE,**

wohl Österreich, um 1920, bernsteinfarbenes Glas mit Rubinüberfang, H 18 cm.
(Metz, Heidelberg, 14.12.96)

DM 160,– VASE

Lötz Wwe., Klostermühle, um 1920, orange überfangenes Glas mit schwarzen Einschmelzungen, Entwurf wohl Michael Powolny, H 15 cm.

DM 280,– VASE

wohl Lötz Wwe., Klostermühle, um 1900, farbloses Glas mit schwarzen Pulvereinschmelzungen und Email- und Goldmalerei, H 15 cm. (Metz, Heidelberg, 14.12.96)

DM 180,– VASE

wohl Lötz Wwe., Klostermühle, um 1920, farbloses, grün überfangenes Glas mit bunten Einschmelzungen, H 11 cm.

DM 260,– VASE

wohl Lötz Wwe., Klostermühle, um 1900, grüne Pulvereinschmelzungen und florale Emailmalerei, H 14 cm.

DM 800,– SCHALE

Lötz Wwe., Klostermühle, um 1900, fein violett lüstrierendes Glas mit Aderaufschmelzungen, H 9 cm, Durchm. 14 cm. (Metz, Heidelberg, 14.12.96)

DM 200,– VASE

Wien, um 1920, rot überfangenes Glas mit zwei blauen, tief eingeschmolzenen Tropfen, Entwurf wohl Michael Powolny, best., H 24 cm. (Metz, Heidelberg, 14.12.96)

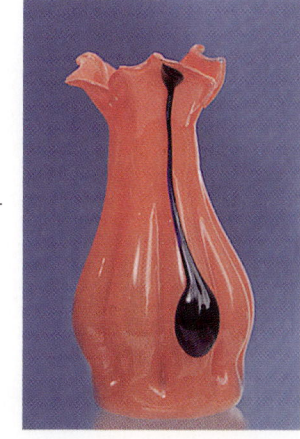

DM 220,– **RUNDE VASENSCHALE**

wohl Fachschule Theresienthal, um 1920, schwarzes, poliertes Glas mit Gold- und Emailmalerei, H 8 cm, Durchm. 17,5 cm.

DM 220,– **VASE**

wohl Lötz Wwe., Klostermühle, um 1920, gelb überfangenes Glas mit schwarzer und blauer Emailmalerei, Entwurf Michael Powolny, H 8 cm. (Metz, Heidelberg, 14.12.96)

DM 220,– **VASE**

WMF, um 1920–1930, Ikoraglas mit farbigem Zwischenschichtdekor, silbriges Netz aus Pulvereinschmelzungen in Rotorange und Braun, H 24,5 cm. (Bergmann, Erlangen, 7.12.96)

Je DM 220,– **WEINGLÄSER**

Theresienthal, farbloses Glas mit bunter Emailmalerei auf der Kuppa, Malersignatur und Firmenmarke, H 20,5 cm. (Sigalas, Hildrizhausen, 12.–13.9.96)

DM 280,– **VASE**

WMF, Myraglas, um 1930, gelbes Glas, violett und gold lüstrierend, H 11 cm. (Bergmann, Erlangen, 21.9.96)

DM 280,– BECHERVASE

Frankreich, farbloses, mattiertes Glas mit antiken Relieffiguren, H 14,5 cm.

DM 450,– VASE

Wien, um 1910, farbloses Glas mit orangem, poliertem Überfang, Balusterform mit 3 Henkeln, Entwurf wohl Michael Powolny, H 15 cm. (Metz, Heidelberg, 14.12.96)

DM 330,– SCHALE AUF BRONZESOCKELFUSS

wohl Lötz Wwe., Klostermühle, um 1920, gewellter, farbig überfangener Glaskorpus mit Gold- und Emailmalerei, H 17 cm, B 23 cm, T 13,5 cm. (Metz, Heidelberg, 14.12.96)

DM 330,– TISCHLAMPE

mit gußeisernem Fuß, Frankreich, pilzförmiger Glasschirm, mehrfach überfangen, H 47 cm.

DM 650,– TISCHLAMPE

Le Verre Francais, um 1900, glockenförmiger Glasschirm, geschweifter, durchbrochener Bronzefuß, sign., H 44 cm.

DM 260,– TISCHLAMPE

mit Eisenfuß, Frankreich, um 1920, pilzförmiger Glasschirm, mehrfach überfangen, H 46 cm.

DM 280,– TISCHLAMPE

mit Eisenfuß, Frankreich, um 1920-1930, pilzförmiger Glasschirm, mehrfach überfangen, H 44 cm.

DM 280,– TISCHLAMPE

mit schmiedeeisernem Fuß, Frankreich, pilzförmiger Glasschirm, mehrfach überfangen, H 36 cm. (Metz, Heidelberg, 14.12.96)

DM 360,– TISCHLAMPE

mit Eisengußgestell, Frankreich, pilzförmiger Glasschirm, mehrfach überfangen, H 36 cm.

DM 420,– 2-ARMIGE TISCHLAMPE

mit Eisengußgestell, Frankreich, 2
mehrfach überfangene Glasschirme,
H 51 cm.

DM 260,– TISCHLAMPE

mit reliefiertem Eisenfuß, Frankreich,
pilzförmiger Glasschirm, mehrfach
farbig überfangen, H 41 cm.

DM 280,– TISCHLAMPE

Frankreich, pilzförmiger Glasschirm
und Glasfuß, mehrfach überfangen,
H 38 cm.

DM 300,– TISCHLAMPE

Frankreich, Glasfuß und Glasschirm
mehrfach farbig überfangen, H 41 cm.
(Metz, Heidelberg, 14.12.96)

DM 460,– VASE

WMF, um 1930, ein Unikat, metallgefaßte Kugelvase aus farblosem Glas,
mit Metallsalzlösung flockig bedampft, bernsteinfarben, Entwurf Wied-
mann, sign., H 13 cm.
(Zeller, Lindau, 8.–12.10.96)

DM 520,– VASE

mit 4 Grazien, um 1935, malachitfarbene, in Form geblasene Vase, als
Reliefdekor Tänzerinnen in versch. Haltungen, Entwurf Arthur Pleva, Ga-
blonz, H 24 cm.
(Zeller, Lindau, 6.–7.12.96)

DM 570,– VASE,
Glashütte Kramsach, Tirol, um 1930, annagrünes Glas, angesetzter Boden mit gekerbtem Rand, 2 Reihen aufgeschmolzener Nuppen, H 18 cm.
(Wiener Kunstauktionen, Wien, 2.–3.10.96)

DM 640,– VASE
Verreries Schneider, Epinay-sur-Seine, um 1925, farbloses Glas, innen weiß mattiert und unten blau verlaufend unterfangen, außen geätzter Dekor mit blauen Aufschmelzungen, teilweise mattiert, sign., H 12,1 cm.

DM 1140,– VASE
Verreries Schneider, Epinay-sur-Seine, um 1925, farbloses Glas mit orangeopalem Unterfang, gelben Pulvereinschmelzungen, außen dunkelbraun überfangen und mit geätztem und poliertem Blumendekor verziert, sign., 3 minimale Absplitterungen, H 17,8 cm.

DM 1570,– SCHALE
Legras & Cie, St. Denis, um 1900, farbloses Glas mit geätztem, farbig und gold staffiertem Veilchendekor auf mattiertem und eisglasartig geätztem Grund, mit französisch punzierter Silberfassung, Bodenstern, Durchm. 12 cm, H 7,4 cm.
(Dorotheum, Wien, 29.10.96)

DM 650,– TISCHLAMPE
Muller Frères, Lunéville, um 1920, Glastulpe aus farblosem Glas mit mehrfarbigen Pulvereinschmelzungen, schmiedeeiserner, schwarz patinierter Fuß mit plastischem Rosendekor auf Marmorplatte, sign., H 41 cm.
(Sigalas, Hildrizhausen, 27.–28.6.96)

DM 700,– **VASE**
....
Le Verre Francais, um 1920, farbloses Glas, rot, rosé und orange überfangen, floral geschnittener und polierter Dekor, sign., H 20 cm.

DM 1100,– **KARAFFE**
....
wohl Lötz Wwe., Klostermühle, um
1900, Korpus mit grünen Pulvereinschmelzungen, Zinnmontierung, H
33,5 cm.
(Metz, Heidelberg, 14.12.96)

DM 710,– **VASE**
....
Ludwig Moser, Karlsbad, um 1920, dickwandiges, amethystfarbenes Glas,
facettiert geschliffen, H 20 cm.
(Wiener Kunstauktionen, Wien, 2.–3.10.96)

DM 700,– **CACHEPOT**
....
Steinschönau, Böhmen, um 1925, balusterförmig, farbloses Glas mit Blü-
tensteg- und Eierstabdekor in gelbgebeizten Linien mit Schwarzlotmalerei,
H 11 cm, Durchm. 12,5 cm
(Zeller, Lindau, 6.–10.5.97)

DM 700,– 7 GLASFLAKONS

runde und ovale Form, diagonal geriffelte Wandung, vergoldeter Verschluß aus Silber, jeder Verschluß bez. „Adéle", gemarkt, aus dem Besitz der Schauspielerin Adéle Sandrock, H 14-18 cm.
(Hampel, München, 6.–7.12.96)

DM 700,– 3-TLGS. TINTENFASS

Fachschule Steinschönau, um 1915, farbloses, schliffverziertes, partiell seidenmatt geätztes Glas mit Gold- und Schwarzlotmalerei, als Dekor stilisiertes Blütenmotiv, 18 x 18 cm, H 10,5 cm.

DM 600,– LIKÖRSERVICE

Böhmen, um 1925, 5 tlg.: Karaffe und 4 Likörbecher, farbloses, facettiert geschliffenes Glas mit Schwarzlotbemalung, H 21,5 bzw. 8 cm.
(Dr. Fischer, Heilbronn, 22.3.97)

DM 710,– SCHALE

Daum Frères, Nancy, um 1920, graustichiges, modelgeformtes Glas mit gelben Farbpulverauflagen, im Spiegel stilisierte Blüte, sign., L 14,5 cm.

DM 860,– DOSE

René Lalique, Wingen-sur-Moder, um 1930, graugetöntes, modelgeformtes und mattiertes Glas mit reliefiertem Deckel, sign., Durchm. 8,5 cm.
(Wiener Kunstauktionen, 16.–17.4.97)

DM 715,– AUFSATZ

Wiener Werkstätte, um 1923, violettes, modelgeblasenes Glas in passiger Form, Entwurf Josef Hoffmann, kl. Scharte, H 13,3 cm, Durchm. 16,5 cm.

DM 7560,– AUFSATZ

Meyr's Neffe, Adolf, Wien, um 1907, farbloses Glas mit rubinrotem Überfang und geometrischem Schliffdekor, Entwurf Otto Prutscher, Durchm. 14,7, H 20,3 cm.
(Dorotheum, Wien, 29.10.96)

DM 750,– VASE

Le Verre Francais, um 1925, pokalförmiges, mehrschichtiges, farbloses Glas, Innenschicht mit gelben Pulvereinschlüssen, weinrot marmoriert, himbeerrot verlaufend überfangen, auf eisglasartigem Grund mit reliefierter Blattornamentik verziert, gravierte Binnenzeichnung, sign., H 15 cm.
(Ketterer, München, 9.11.96)

DM 800,– VASE

Fachschule Steinschönau, um 1915, farbloses Glas mit Schwarzlot-, Gold- und Transparentemailmalerei, umlaufend 4 Ovalmedaillons mit stilisierten Blüten- und Blattmotiven, H 21,5 cm.
(Dr. Fischer, Heilbronn, 29.6.96)

DM 860,– VASE

Josef Riedel, Polaun, nach 1925, geschliffenes, honigfarben gefärbtes Glas, H 11,8 cm.
(Wiener Kunstauktionen, Wien, 16.–17.4.97)

DM 860,– VASE,
René Lalique, Wingen-sur-Moder, um 1925, hellgraues, formgeblasenes Glas mit 8 Vertikalrippen in Form von Blattrispen, sign., H 12,3 cm. (Wiener Kunstauktionen, Wien, 16.–17.4.97)

DM 860,– VASE
Legras & Cie, St. Denis, um 1920-1925, bernsteinfarben getöntes Glas mit opalem Überfang, umlaufend geätzter und farbig staffierter Gräserdekor, sign., H 35,5 cm. (Dorotheum, Wien, 16.4.96)

DM 1000,– ANHÄNGER
„Moustique", Nancy, um 1925, Pâte-de-verre aus farblosem Glas mit grünen und blauen Einsprenkelungen, schwarzbraune, grüne und gelbe Staffierung, bez. „AWN" und „HB", rückseitig geschartet, H 4 cm.

DM 2860,– BRIEFBESCHWERER
mit Falter A. Walter/Henri Bergé, Nancy, um 1920-1925, Pâte-de-verre aus grünem Glas mit grünen Einsprenkelungen und brauner bis schwarzer Staffierung, sign., 2 minimale Abstoßungen, L ca. 12 cm, H 4,8 cm. (Dorotheum, Wien, 16.4.96)

DM 1070,– VASE

Fa. Hantich & Co, Haida, um 1931, farbloses Glas, zwischen den Schichten mit orangen und weißen Einsprenkelungen sowie gemalten Reihern in Blau, Produktionsmängel, kleine Scharte, etwas verkratzt, H 17,7 cm.

DM 4285,– VASE

Harrach'sche Hütte, Neuwelt, Böhmen, um 1904, farbloses Glas, unten violett getönt, aufgeschmolzene Glaspasten mit geschnittenem, blauem Windenzweig, über dem Stand florale Bordüre in Reliefgold, Rand mit vergoldeter Schliffbordüre, bez. „B 175", H 17,8 cm.

DM 1000,– VASE

Fachschule Steinschönau, um 1900, farbloses Glas, kobaltblau überfangen, umlaufend geschnittener Weinrebendekor, rauh geätzter Grund, H 14,6 cm.

DM 1070,– AUFSATZ

mit Deckel, Ludwig Moser, Karlsbad, um 1925, dunkelblaues Glas, facettiert geschliffen, dazugehöriger Deckel, H 19 cm.
(Wiener Kunstauktionen, Wien, 16.– 17.4.97)

DM 1140,– LAMPENKUGEL

Harrach'sche Hütte, Neuwelt, Böhmen, um 1920, farbloses, opakweiß unterfangenes Glas, himbeerrot überfangen, in mehreren Arbeitsgängen geätzter Dekor, nachträglich sign., H ca. 31 cm.
(Wiener Kunstauktionen, Wien, 16.–17.4.97)

DM 1200,– VASE

Beyermann & Co, Haida, um 1915, kobaltblaues Glas mit Reduktionsbeize, stilisierte Rosenzweige als umlaufender Dekor, gezänkelter Mündungsrand, sign., H 14,5 cm.
(Dr. Fischer, Heilbronn, 22.3.97)

DM 1285,– AUFSATZ

Fa. Ludwig Moser & Söhne, Karlsbad, um 1915–1920, gelbgrün getöntes Glas mit 14-tlg. Schälschliffwandung, Entwurf Josef Hoffmann, sign., Durchm. 17,2 cm, H 14,2 cm.

DM 1070,– VASE

Fa. Ludwig Moser & Söhne, Karlsbad, um 1929–1930, transparentes Farbglas, je nach Licht lilafarben oder blau erscheinend, schräg geschliffene Wandung, Entwurf Heinrich Hußmann, sign., H 15,5 cm.

DM 2140,– AUFSATZ

Fa. Ludwig Moser & Söhne, Karlsbad, um 1915–1920, bernsteinfarben getöntes Glas mit 14-tlg. Schälschliffwandung, Entwurf Josef Hoffmann, sign., Durchm. 17 cm, H 14 cm.
(Dorotheum, Wien, 16.4.96)

DM 1300,– VASE

Emile Gallé, Nancy, farbloses Glas mit gelbem Unterfang und grünblauem Überfang, als Dekor geätzte Birnen mit Blatt- und Astwerk, sign., H 30 cm.

DM 650,– VASE

Emile Gallé, Nancy, farbloses Glas mit hellblauem Unterfang und grünem Überfang, als Dekor geätzte Trauben mit Weinlaub, sign., H 20 cm.

DM 440,– VASE

Emile Gallé, Nancy, farbloses Glas mit ockerfarbenem Unterfang und braunem Überfang, als Dekor gätzte Blüten und Knospen mit Blättern, sign., H 14 cm.

DM 1100,– VASE

Emile Gallé, Nancy, farbloses Glas mit gelbem Unterfang und purpurfarbenem Überfang, als Dekor geätzte Blüten, Knospen und Blätter, sign., H 28 cm.
(Bergmann, Erlangen, 8.3.97)

DM 1380,– KARAFFE

René Lalique, Wingen-sur-Moder, um 1920, farbloses Glas, Henkel und Stopfen mit flach reliefiertem Beerenmotiv, mattiert und rotbraun patiniert, bez., H 26,5 cm.

DM 460,– PAAR GLÄSER

René Lalique, um 1930, Modell „Nippon", über dem Fuß mit reliefiertem Perlbanddekor, bez., H 12,2 cm.

DM 460,– DECKELDOSE

René Lalique, um 1920, Modell „Rambouillet", gerillte Deckelwandung, Deckfläche mit reliefiertem Paradiesvogelmotiv, mattiert, bez., H 3,6 cm, Durchm. 8,5 cm.

DM 5635,– TINTENZEUG

René Lalique, um 1920, Modell „Serpents", Gefäßunterseite mit reliefierten, sich windenden Schlangen, mattiert, schwach grau patiniert, bez., H 5,5 cm, Durchm. 16 cm.
(Ketterer, München, 9.11.96)

DM 1430,– GLÄSERGARNITUR

Böhmen, 40-tlg.: Henkelkrug, 4 Schälchen, 10 Bier-, 10 Champagner-, 7 Rotwein-, 8 Dessertweingläser, grünlich getönte Kuppa und bernsteinfarbener, eckig geschliffener Schaft, tlw. minimal best., H des Kruges 35,5 cm.
(Dorotheum, Wien, 20.11.96)

DM 1500,– JARDINIERE

Heinrich Hoffmann, Gablonz, um 1935, lapisblaues, in die Form gepreßtes und nachveredeltes Glas mit umlaufendem Reliefdekor, aus dem Veredelungsbetrieb Joseph Riedel, Polaun, sign., H 20 cm, L 34,5 cm.

SP DM 550,– VASE

Schlevogt, Gablonz, um 1935, jadegrünes, in die Form gepreßtes und nachveredeltes Glas mit umlaufendem Reliefdekor, aus dem Veredelungsbetrieb Joseph Riedel, Polaun, mit orig. Klebeetikett, H 15 cm.

DM 810,– LIKÖRSERVICE

Schlevogt, Gablonz, um 1935, 7-tlg.: Karaffe und 6 Likörgläser, jadegrünes, in die Form gepreßtes und nachveredeltes Glas m. umlaufendem Reliefdekor, aus dem Veredelungsbetr. Joseph Riedel, Polaun, H 31,5 bzw. 6,5 cm. (Dr. Fischer, Heilbronn, 22.3.97)

DM 1500,– ZIERHENKELVASE

Murano, um 1930, balusterfömige Wandung mit tiefgeätztem Dekor, Pfauen zwischen stilisierten Blüten- und Blattranken, s-förmige Henkel mit gekniffenen Auflagen, H 43 cm.
(Dr. Fischer, Heilbronn, 22.3.97)

DM 1500,– VASE

Daum Frères, Nancy, um 1920, rot überfangenes Glas mit weißen Pulvereinschmelzungen, geblasene Wandung, Eisenstandfuß und durchbrochene Ummantelung, sign., H 31 cm.

DM 1100,– WEINGLAS

aus dem Überfang geschnittener Dekor, langer Schaft auf rundem Standfuß, sign. „Moser", H 20,5 cm.

DM 1200,– VASE

Daum Frères, Nancy, um 1920, orange/grün überfangenes Glas, geblasene Wandung, mit Eisenstandring und durchbrochener Ummantelung, H 26,5 cm.
(Metz, Heidelberg, 14.12.96)

DM 1600,– STENGELGLAS

Wiener Werkstätte, um 1920, farbloses, optisch geblasenes Glas mit bunter Opakemailmalerei, Entwurf Fritzi Löw, sign., H 12,6 cm

DM 400,– PAAR STENGELGLÄSER

Ida Paulin, Augsburg, um 1925, farbloses Glas mit ornamentaler Gold- und Schwarzlotmalerei, sign., H 9,9 cm.

DM 350,– STENGELGLAS

Fachschule Steinschönau und Friedrich Pietsch, Steinschönau, um 1915, farbloses, optisch geblasenes Glas mit figürlicher, goldgrundierter Schwarzlotmalerei in Schattenrißmanier, H 8,3 cm.
(Dr. Fischer, Heilbronn, 19.10.96)

DM 1860,– VASE

Muller Frères, Lunéville, um 1920, farbloses Glas mit orangefarbenen Pulvereinschmelzungen weißopal überfangen, als Dekor geätzte, farbige Winterlandschaft auf mattem Grund, sign., H 26,9 cm.

DM 2140,– VASE

André Delatte, Nancy, um 1925, farbloses Glas mit gelblichopalem Unterfang, außen graugrün und dunkelviolett überfangen, geätzter Haselzweigdekor auf mattiertem Grund, sign., Produktionmängel, H 24,3 cm.

DM 1570,– VASE

Villeroy & Boch, Waldgassen a.d. Saar, um 1920–1931, hellblau unterfangenes Glas mit purpurfarbenem Überfang, als Dekor geätzte Gebirgslandschaft mit See auf mattiertem Grund, Entwurf Edmond Rigot, sign., H 30,3 cm.
(Dorotheum, Wien, 16.4.96)

DM 2000,– AUFSATZ

Wiener Werkstätte, um 1925, modelgeformtes, bernsteinfarbenes Glas, vielpassiger Stand und Schale, Entwurf Josef Hoffmann, H 13,9 cm. (Wiener Kunstauktionen, Wien, 2.–3.10.96)

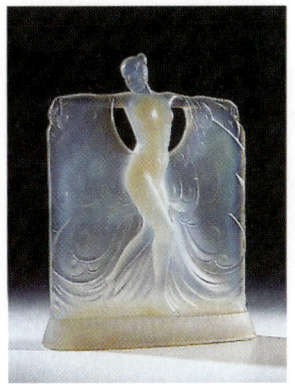

DM 2000,– TANZENDER FRAUENAKT

als Lampenvorsatz, Josef Riedel, Polaun, um 1930, weißes Opalglas, sog. Perlopal, gepreßt und mattiert, H 23,4 cm. (Dr. Fischer, Heilbronn, 19.10.96)

DM 2140,– SERVICE

mit Trinkgläsern, um 1920, 38-tlg.: 7 Champagner-, 6 Rotwein-, 6 Weißwein-, 7 Sherry-, 6 Aperitivgläser und 6 Schalen, amethystfarbenes Glas, Wandungen mit facettiertem und abgetrepptem Schliff, facettierter Schaft und glatter Stand. (Dorotheum, Wien, 27.2.96)

DM 2200,– SKARABÄUSVASE

Verreries Schneider, Epinay-sur-Seine, um 1925–1928, Glas mit dichten, orangefarbenen Einschmelzungen, außen dunkelviolett überfangen, als Dekor fünf Skarabäuskäfer mit versch. Ornamenten, sign., H 22 cm. (Schloß Ahlden, Aller, 17.–18.5.96)

DM 2300,– DECKELPOKAL
Fachschule Steinschönau, um 1915, milchig-weißes Opalglas mit Schwarz-
lot und bunten Transparentemailfarben im umlaufenden Rapport dekoriert,
Fuß restaur., H 22,5 cm.
(Dr. Fischer, Heilbronn, 23.3.96)

DM 2300,– DECKENSCHALE
Lötz Wwe., Klostermühle, um 1920–1925, farbloses Glas, dunkelgrün
und braun überfangen, mattgeätzter Dekor aus Haselnußzweigen und
Schmetterlingen, sign. „Richard", elektrifiziert, zeitgenössische Kordelauf-
hängung, Durchm. 35 cm.
(Ketterer, München, 11.5.96)

DM 2500,– VASE
René Lalique, Wingen-sur-Moder, um 1930, farbloses, in die Form ge-
preßtes Glas mit umlaufendem Blattreliefdekor, Reste brauner Patina, sign.,
H 22,5 cm.
(Dr. Fischer, Heilbronn, 22.3.97)

DM 2500,– TISCHLAMPE
im Tiffany-Stil, USA, Anf. 20. Jh., halbkugeliger, bleiverglaster Schirm mit
floralem Dekor in Violett- und Grüntönen, gerillter grau/grün patinierter
Bronzefuß mit rundem, gewölbtem Stand über Kugelfüßen, elektrifiziert,
bez. auf dem Fuß „R.B. 370" und auf dem Schirm „1598.O.P.", H 57 cm,
Durchm. 47 cm.
(Bergmann, Erlangen, 21.9.96)

DM 2570,– VASE „CANARDS"

René Lalique, Wingen-sur-Moder, 1931, bernsteinfarbenes, formgepreßtes Glas mit umlaufenden, diagonal angeordneten Entenfriesen, grünlich patinierter Grund, sign., H 13 cm.

DM 860,– VASE

Daum Frères, Nancy, um 1925–1930, ockergelb getöntes Glas mit Vertikalrippen auf rauh geätztem Grund verziert, sign., H 12 cm.

DM 1285,– VASE „MONTLHERY"

René Lalique, Wingen-sur-Moder, 1926, farbloses Glas mit Reliefwandung und mattierten Vertiefungen, sign., minimaler Abschlag, H 13,7 cm. (Dorotheum, Wien, 29.10.96)

DM 2570,– VASE

Emile Gallé, Nancy, 1915–1930, farbloses Glas, rosa unter- und lila/grüngrau überfangen, ovaler Querschnitt, floraler Ätzdekor, sign., H 16,1 cm. (Wiener Kunstauktionen, Wien, 2.–3.10.96)

DM 2715,– GROSSE VASE

Josef Drahonovsky, Prag, 1937, konische Form mit Zinnenrand, dickwandiges Klarglas, vertikal facettierte Wandung mit allegorischen Darstellungen im Tiefschnitt, sign., H 35,7 cm. (Dorotheum, Wien, 29.10.96)

DM 3140,– VASE

Daum Frères, Nancy, um 1925, rauchfarben getöntes Glas, dickwandiger, rippenoptischer Korpus auf quadratischer Plinthe, sign., H 42 cm. (Wiener Kunstauktionen, Wien, 27.–28.3.96)

DM 3300,– VASE

Adolf Rasche, Haida, um 1925, Glas mit buntem Transparentemaildekor, Blattzweige mit Vögeln auf zitronengelbem Fond, sign., H 15,7 cm. (Dr. Fischer, Heilbronn, 22.3.97)

DM 3430,– VASE

Lobmeyr, Wien, um 1925, farbloses, dickwandiges Kristallglas mit geschnittener Oberfläche und poliertem Dekor, Formentwurf Marianne Rath, Dekor Oskar Strnad, golden sign., H 9,5 cm.

DM 2570,– VASE

Legras & Cie, St. Denis, um 1910, farbloses, im unteren Bereich geätztes Glas, 6-fach gewellte Müdung, Dekor aus Floxblüten in pastosen Emailfarben, goldgehöhte Blätter, sign., H 8,8 cm. (Wiener Kunstauktionen, 27.–28.3.96)

DM 3800,– DECKELDOSE

Fachschule Steinschönau, 1920, farbloses, partiell gelb gebeiztes Glas mit mattiertem und poliertem Schliffdekor, Vogelmotive, Schmetterlinge und Blüten darstellend, Entwurf Adolf Beckert, Gravur Emil Kromer, sign., H 19,5 cm, Durchm. 17 cm.
(Dr. Fischer, Heilbronn, 22.3.97)

DM 3800,– BECHER

mit Hoch- und Tiefschnitt, Max Rössler, um 1920, dickwandiges Glas, glatter Boden, auf der Wandung s-förmige, gekerbte Ornamente, frontal Medaillon von 2 tiefgeschnittenen Löwen getragen, unter dem Lippenrand reliefiertes Kordelband, H 14 cm.
(Dr. Fischer, Heilbronn, 19.10.96)

DM 3800,– VASE

Prof. Foltas, Haida, um 1930, farbloses, braun überfangenes Glas mit geätztem, schliffverziertem und geschnittenem Dekor floraler und geometrischer Ornamente, eisglasartig strukturierter Grund, H 16 cm.
(Dr. Fischer, Heilbronn, 19.10.96)

DM 4000,– ZIERVASE

Louis Comfort Tiffany, New York, um 1920, bernsteinfarbenes Favrileglas, gold- und perlmuttfarben matt irisiert, gerippter Rundfuß mit ausladender Kuppa, kordelartig geschliffener Mündungsrand, sign., H 34 cm.

DM 1600,– ZIERVASE

in Bronzemontierung, Louis Comfort Tiffany, New York, um 1900, optisch geblasenes, farblos überfangenes Opalglas mit senkrechtem Streifendekor in der Art von Blütenblättern, leicht lüstriert, floral reliefierter Balusterschaft aus vergoldeter Bronze, H 36,4 cm.
(Schloß Ahlden, Aller, 2.–3.5.97)

DM 4140,– **VASE**

Victor Durand, Vineland Flint Glass Works, um 1930, blaues Glas mit aufgelegtem, opal weißem „Heart and Clinging Vine"-Dekor, blau-silbrig mattlüstriert, sign. „V Durand 20154-10", H 26 cm.

DM 2300,– **ZIERVASE**

Louis Comfort Tiffany, New York, um 1910, stilisierte Blütenform, Favrileglas, gold- und perlmuttfarben mattlüstriert, sign. „L.C. Tiffany-Favrile, 9252 E", Lüster mit Gebrauchsspuren, H 38,7 cm.
(Ketterer, München, 9.11.96)

DM 4285,– **TROMPETENVASE**

Emile Gallé, Nancy, um 1925, farbloses Glas, zwischen den Schichten erst lila opal, dann von gelb bis bernsteinfarben verlaufend unterfangen, sign., H 36,7 cm.

DM 2570,– **SÄULENVASE**

Emile Gallé, Nancy, um 1920–1925, farbloses Glas mit bläulichem Überfang, außen violett und braun überfangen und mit geätzten Blütenzweigen auf mattiertem Grund verziert, sign., H 40,8 cm.
(Dorotheum, Wien, 29.10.96)

DM 4285,– VASE
Cristallerie Schneider, Epinay-sur-Seine, 1924–1925, farbloses, flockig-gelb unterfangenes Glas mit auberginefarbenem Teilüberfang, als Schnitt-dekor eine in einem Kreis eingeschriebene Blüte, sign., H 24,7 cm. (Wiener Kunstauktionen, Wien, 27.–28.3.96)

DM 4285,– VASE
Emile Gallé, Nancy, um 1925, gelb unterfangenes Glas, purpur über-fangen, mit geätztem Dekor aus trä-nenden Herzen auf mattiertem Grund, Produktionsmängel, sign., H 31,1 cm.

DM 2430,– VASE
Emile Gallé, Nancy, um 1925–1930, farbloses Glas mit rosa opa-lem Teilunterfang, außen hell- und dunkelgrün überfangen, mit geätzter Seenlandschaft auf mattiertem Grund dekoriert, sign., minimal ge-schartet, H 24,9 cm. (Dorotheum, Wien, 29.10.96)

DM 4500,– **TISCHLAMPE**

Handel & Company, um 1920, gebauchter Schirm aus verbleitem Opalglas mit buntem, stilisiertem Blütendekor auf grünem Fond, patinierter Metallfuß, sign., H 61 cm.

DM 6000,– **TISCHLAMPE**

Handel & Company, um 1920, Schirm aus verbleitem Opalglas mit braunem und rosafarbenem Blütendekor, patinierter Metallfuß mit Mäanderdekor, sign., H 63 cm.
(Dr. Nagel, Stuttgart, 27.–28.9.96)

DM 7100,– **VASE**

Emile Gallé, Nancy, um 1925, farbloses Glas mit Überfängen in Hellgrün, Hellblau und Violett, Blüten und Blattwerk der Gladiole als umlaufender Ätzdekor, sign., H 42 cm.
(Dr. Fischer, Heilbronn, 23.3.96)

DM 7140,– **KALENDERGLAS**

Lobmeyr, Wien, um 1921, farbloses Glas, tlw. mattiert, Dekor in Schwarzlotbemalung und Gelbbeize, Entwurf Michael Powolny, H 10,2 cm.

DM 5285,– **KELCHGLAS**

Meyr's Neffe, Adolf, Wien, um 1907, farbloses Glas mit gelbgrünem Überfang und Quadratschliffdekor, Entwurf Otto Prutscher, H 21 cm.
(Dorotheum, Wien, 29.10.96)

DM 7500,– VASE

Emile Gallé, Nancy, um 1920, farbloses, zitronengelb unterfangenes Glas mit Überfängen in Hellblau und Grün, umlaufend geätzter Dekor aus Blüten, Knospen und Enzianblättern, sign., H 31 cm.
(Dr. Fischer, Heilbronn, 23.3.96)

DM 8050,– VASE

Gabriel Argy-Rousseau, Paris, um 1920–1925, Modell „Lierre", farblose Glasmasse, Pâte-de-verre, farbige Einschlüsse innerhalb des plastischen Efeubanddekors, bez. 6077, sign., H 8,8 cm.

DM 4255,– SCHALE

G. Argy-Rousseau, Paris, um 1920, Modell „Alpendisteln", Pâte-de-verre in bernsteinfarbenen Tönen, umlaufend Rundmedaillons mit farbigen Alpendisteln, bez.„ France", sign., H 9,5 cm.
(Ketterer, München, 9.11.96)

DM 8500,– TISCHLAMPE

Emile Gallé, Nancy, um 1925, farbloses, partiell zitronengelb unterfangenes Glas mit rotem und violettem Überfang, Blüten, Knospen und Blätter des Oleanders als umlaufender Ätzdekor, sign., schmiedeeiserner Fuß mit Perlstabrelief, elektrifiziert, H 49 cm.
(Dr. Fischer, Heilbronn, 19.10.96)

DM 80,– SCHALE

Murano, 50er Jahre, dickwandiges Glas in passiger Form und unterschiedlichen Einschmelzungen, Durchm. 23 cm.

DM 330,– FLASCHENVASE

Murano, hellblaues Glas mit feinen, weißen Murrinen in vertikal verlaufender Bandform, H 14 cm.

DM 200,– VASE

Murano, Glas mit grünen Diagonalbändern, gerippter Wandung und Tropfenaufschmelzungen, H 47 cm. (Metz, Heidelberg, 14.12.96)

DM 90,– ZIERSCHALE

Venini, Murano, grünes Glas mit eingestochenen Luftblasen in 4-passiger Form, sign., Durchm. 10 cm.

DM 1300,– ZIERVASE

Lötz Wwe., Klostermühle, um 1900, farbloses Glas mit silbergelben Einschmelzungen und blauen Farbauflagen, H 15 cm.

DM 600,– ZIERVASE

Louis Comfort Tiffany, New York, um 1900, honiggelbes Lüsterglas, sign., H 12,5 cm.
(Sigalas, Hildrizhausen, 12.–13.9.96)

DM 90,– FRAU MIT KORB

Murano, feine Arbeit aus weißer Glaspaste mit Goldfolie, H 22 cm.

DM 120,– FRAU

Murano, weiße Glaspaste mit Gold-folie, H 23 cm.

DM 120,– SCHALE

Murano, 50er Jahre, dickwandiges Glas in 3-passiger Form und unter-schiedlichen Einschmelzungen, Durchm 24 cm.
(Metz, Heidelberg, 14.12.96)

DM 120,– KONVOLUT

aus 5 Teilen, Murano, Rundschale, Vase, Flaschenvase und Aschenbe-cher, jeweils rotes Glas in verschie-denen Formen und Dekoren, minimal best., H der Flaschenvase 24 cm.
(Dr. Nagel, Stuttgart, 18.4.97)

DM 220,– **VASE**

Thüringen, um 1980, farbiges, vor der Lampe geblasenes Weichglas, Dekor in der Fadentechnik, bez. „AR 28", H 24 cm.

DM 550,– **VASE**

Albrecht Greiner-Mai, 1983, farbiges, vor der Lampe geblasenes Weichglas, in Montagetechnik eingearbeitete Fenster, bez. „Mai '83", H 12 cm.

DM 550,– **VASE**

Albrecht Greiner-Mai, 1982, Dekor wie oben, bez. „Mai '82", H 23,8 cm.
(Dr. Fischer, Heilbronn, 29.6.96)

DM 250,–

GESCHLIFFENER PAPERWEIGHT

dat. 1995, auf rubinrotem Boden Blütenanordnung zwischen Gitterwerk aus Spiralen, gemarkt, Nr. 210.

DM 170,– **PAPERWEIGHT**

auf kobaltblauem Grund Blütenringe zwischen 10 Spiralstücken, im Mittelfeld farbiger Schmetterling, Durchm. 5,7 cm.

DM 170,– **PAPERWEIGHT**

auf graublauem Grund locker verteilte Blüten mit 10 Spiralen untergliedert, im Mittelstern sign., Durchm. 6,8 cm.

DM 100,– **KLEINER PAPERWEIGHT**

4 Blütenringe auf schwarzem Grund, in Mittelstern mit „P" sign., Durchm. 3,8 cm.

DM 110,– **KLEINER PAPERWEIGHT**

seitlich gerippt, 4 Blütenringe auf blauem Grund, mittig mit „P" sign., Durchm. 4,3 cm.

DM 220,– **GROSSER PAPERWEIGHT**

weißer Außenkranz, strahlenförmige Spiralstücke, dazw. blaue Blüten, Mittelstern mit „P" sign., Durchm. 7,2 cm.

DM 220,– **PAPERWEIGHT**

auf schwarzem Grund weißer Außenring, innen durch 20 Spiralstücke unterteilt, Mittelblüte mit Schmetterling, sign., Durchm. 6,7 cm.

SP DM 180,– **PAPERWEIGHT**

auf kobaltblauem Grund 6 Blütenornamente, Mittelornament sign., außen weißer Blütenring, Durchm. 6,7 cm.
(Wendl, Rudolstadt, 22.–23.3.96)

DM 280,– **FLASCHENVASE**

Murano, braune Glaspaste mit bunten Blütenmurrinen, H 21 cm.

DM 280,– **VASE**

Murano, grün unterfangenes Glas mit eingeschmolzenen Murrinen, H 28 cm.

DM 1400,– **VASE**

Murano, Glas mit Murrinen und Pulvereinschlüssen, H 31 cm.

DM 220,– **VASE**

Murano, Glas mit flächenfüllend eingeschmolzenen bunten Murrinen, H 28 cm.

DM 200,– **FLASCHENVASE**

Murano, Glas mit gelber Glaspaste und bunten Blütenmurrinen, H 19,5 cm.

DM 100,– **PAPERWEIGHT**

Murano, schwarzes Glas mit Goldfolie und weiß gekämmtem Dekor, Durchm. 9 cm

DM 550,– **VASE**

Murano, Glas mit 4-eckigen, rot/schwarzen Murrinen, H 17,5 cm.

DM 180,– **SCHALE**

Murano, Glas mit umlaufendem grün/schwarzem Spiralband und schwarz verlaufenden Vertikalstreifen, Durchm. 21 cm.

DM 650,– **VASE**

Murano, Glas mit grün/weißen Fenstermurrinen, H 18 cm.

DM 100,– **PAPERWEIGHT**

Murano, schwarzes Glas mit Goldfolie und gelbem, gekämmtem Dekor, Durchm. 9 cm.
(Metz, Heidelberg, 14.12.96)

DM 300,– 6 WEINGLÄSER

Böhmen, geschliffenes Kristallglas mit verschiedenfarbigen Überfängen.
(Dr. Nagel, Stuttgart, 18.4.97)

DM 330,– VASE

Emil Kromer, Steinschönau, 1948, farbloses Glas mit Schnittdekor, tanzender Frauenakt mit schwingendem Tuch, sign., H 21,5 cm.

DM 140,– KLEINER POKAL

Böhmen, um 1900, farbloses Glas mit Ovalmedaillon, darin das farbige Porträt von Kaiser Franz Joseph, geschälter Massivschaft mit eingestochener Luftblase, vergoldete Lippe, H 20,5 cm.

DM 500,– KARAFFE

Böhmen, um 1900, grünes Glas mit reichem Dekor in pastoser Silbermalerei, Scheibenstöpsel, H 15 cm.
(Bergmann, Erlangen, 8.3.97)

DM 350,– VASE

Kosta Glasbruk, Schweden, um 1970, farbloses, dickwandiges Glas mit Teilüberfängen in Kobaltblau, frontal stilisierte, sandgestrahlte Eule, Entwurf Vicke Lindstrand, sign., H 10,5 cm.

DM 650,– VASE

Kosta Glasbruk, Schweden, um 1970, farbloses, dickwandiges, geschliffenes Glas mit mehrfarbigen Pulveraufschmelzungen, frontal gravierte Tiere und Symbole, Entwurf Wärff, Originalklebeetikett, sign., H 20,5 cm.
(Dr. Fischer, Heilbronn, 29.6.96)

DM 330,– ZYLINDERVASE

Murano, Glas mit umlaufend grünem Band und schwarzen Vertikalstreifen, H 28 cm.

DM 3300,– VASE

mit Durchstich, Murano, Glas mit Sternmurrine, Zanfiricodekor und bunten Pulvereinschmelzungen, H 35 cm.

DM 1600,– VASE

Murano, Glas mit Goldpuder und in 5 Reihen angeordneten, bunten Murrinen, H 25 cm.

DM 100,– FLASCHENVASE

Murano, Glas mit grünen, aufgeschmolzenen Murrinen, H 43 cm.

DM 120,– AFFE

Murano, irisierendes Glas mit schwarzer Glaspaste, H 24 cm.

DM 550,– FLASCHENVASE

Murano, weiß unterfangenes Glas mit großen, bunten Murrinen, H 50 cm.
(Metz, Heidelberg, 14.12.96)

DM 400,– VASE

Venini, Murano, um 1955, grünes, rosalinfarben überfangenes Glas, sign., H 17 cm.

DM 480,– BETENDE

Madonna, Vetreria Gino Cenedese, Murano, um 1940, farbloses, grün unterfangenes und violettes Glas mit aufgeblasenem Goldstaub, frei geformt, zusammengeschmolzen und gekniffen, matt lüstriert, Originalklebeetikett, H 19 cm.

DM 2800,– VASE

„Herbst", Kosta Glasbruk, Schweden, um 1960, farbloses, dickwandiges Glas mit Zwischenschichtdekor in Schwarzviolett, Orange, Gelb, Gün- und Rottönen, Entwurf Vicke Lindstrand, sign., H 17,8 cm.
(Dr. Fischer, Heilbronn, 29.6.96)

DM 400,– **VASE**

Vetreria Gino Cenedese, Murano, um 1960, leicht manganfarbenes Glas mit 3-reihigem Murrinenband in Türkis und Rot, H 25 cm.

DM 500,– **TELLER**

Aureliano Toso, Murano, um 1960, farbloses, partiell mattiert geschliffenes Glas mit opak roten Einschmelzungen zwischen den Schichten, Entwurf Dino Martens, Originalklebeetikett, L 26,5 cm.

DM 800,– **VASE**

„Ih, che bei", Vetreria Vistosi, Murano, 1964, gelbgrünstichiges Glas mit eingeschmolzenen Murrinen in Blau und Türkis, Entwurf Fulvio Bianconi, Originalklebeetikett, H 23,5 cm.
(Dr. Fischer, Heilbronn, 19.10.96)

DM 450,– **VASE**

Murano, Glas mit schwarzen Fenstermurrinen, H 21 cm.

DM 240,– **VASE**

Murano, Glas mit flächenfüllend eingeschmolzenen, bunten Murrinen, farbloser Tellerfuß, H 31 cm.

DM 2600,– **VASE**

Murano, Glas mit bunten Pulvereinschmelzungen, H 32 cm.

DM 260,– **VASE**

Murano, Glas mit flächenfüllend eingeschmolzenen, bunten Murrinen auf blauem Grund, H 32,5 cm.

DM 140,– **VASE**

Murano, Glas mit farbigen Streifen, H 20 cm

DM 140,– **2 TASCHENTUCHVASEN**

Murano, (unten re. und li.) Dekor „Zanfirico", H 7 cm.

DM 90,– **VASE**

Murano, dickwandiges Glas mit grünen Ranken und lilafarbenen Blüten, H 15 cm.

DM 280,– **TASCHENTUCHVASE**

Murano, Dekor „Zanfirico" und bunte Streifen, H 15 cm.

DM 280,– **VASE**

Murano, hellblau eingefärbtes Glas mit Fenstermurrinen, H 14 cm.
(Metz, Heidelberg, 14.12.96)

DM 500,– **GLASKUNST**

amerikanischer Designer, Vase, Charlie Meaker, 1979, farbloses Glas mit aufgelegten Farbglasbändern, farblos überstochen, sign., H 19,3 cm.

DM 2860,– **TULIP HEAD**

Nr. 1, Hank Murta Adams, 1984, Kopf aus farblosem Glas mit gelbem Teilunterfang und Aufschmelzungen aus blauem und weißem Glas, innen Tulpe aus emailliertem Metall, sign., H 32 cm.

DM 500,– **VASE**

Charlie Meaker, 1979, farbloses, lila unterfangenes Glas mit angesetztem Abschluß mit diagonalen roten Glasfäden, sign., H 17 cm.
(Wiener Kunstauktionen, Wien, 16.–17.4.97)

DM 500,– **PAPERWEIGHT**

als Portal- oder Abschlußgriff, Saint-Louis, Frankreich, mit dahlienartiger Blüte in Rot, Durchm. 10 cm.
(Zeller, Lindau, 6.–7.12.96)

DM 550,– **ZIERVASE**

Venini, Murano, farbloses Glas mit roten und violetten Einschmelzungen sowie gelbem Lippenrand, sign., H 15 cm.
(Sigalas, Hildrizhausen, 12.–13.9.96)

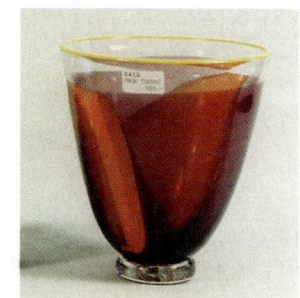

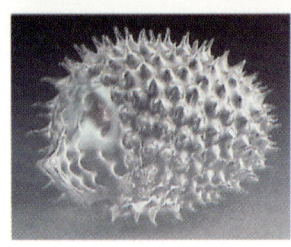

DM 570,– **IGEL**

Vera Liskova, ausgeblasen und frei geformt, sign., H 12 cm.
(Wiener Kunstauktionen, Wien, 16.–17.4.97)

DM 575,– **ASCHENSCHALE**

Verreries Schneider, Epinay-sur-Seine, um 1950, dickwandiges, blasiges Mehrschichtglas, Innenschicht mit braunen Pulvereinschlüssen, bez. „FRANCE", sign., H 18 cm.

SP DM 3000,– **VASE**

Verreries Schneider, um 1928, dickwandiges Überfangglas, Innenschicht mit gelben Einschmelzungen, zwischenschichtig eingeschmolzene, farbige Glasmassen, Über- und Unterfang aus farblosem Glas, sign., H 23,3 cm.

DM 575,– **VASE**

Verreries Schneider, um 1925, glockenförmiges Mehrschichtglas, innen mit gelben und auberginefarbenen Einschmelzungen, petrolblauer Überfang, sign., H 15,8 cm.

DM 2645,– **VASE**

Verreries Schneider, um 1930, pokalförmig, dickwandiges Überfangglas, Zwischenschicht mit himbeerroten Einschmelzungen, farblose Außen- und Innenschicht, sign., H 38 cm
(Ketterer, München, 9.11.96)

DM 650,– LÜSTER

Murano, 6-armig, teils farbloses, teils hellblau und rosa getöntes Glas, elektrifiziert, Durchm. 55 cm
(Hampel, München, 27.–28.9.96)

DM 650,– SCHALE

„Spicchi", Vetreria Gino Cenedese, Murano, um 1950, farbloses Glas mit Einschmelzungen in Braungelb und Weißopal, Durchm. 30 cm.

DM 400,– SCHALE

La Murrina, Murano, um 1965, farbloses Glas mit großer Murrine aus konzentrisch eingearbeiteten Ringen in opakem Rot und Hellblau, Durchm. 28 cm.

DM 800,– VASE

„Vasarely", Barovier & Toso, Murano, 1969, aquamarineblaues Glas mit unregelmäßig aufgeschmolzenem Band aus Vierecken mit eingeschlossenen Ringen aus weißem Opalglas, Entwurf Angelo Barovier, H 18,5 cm.

DM 785,– KLEINER BILDERRAHMEN

Venini, Murano, um 1948-1949, farbloses Glas mit blauweißem Fadendekor, profilierte Messingmontierung, in Messing eingepreßte Marke, Bildausschnitt 12 x 9 cm.
(Dorotheum, Wien, 16.4.96)

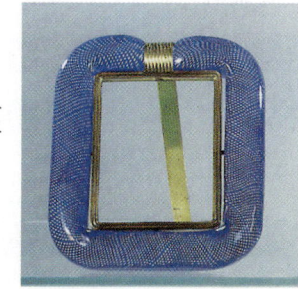

DM 750,– **VASE**

Murano, hellblaues Glas mit eingeschmolzenem, gelbem Faden und
bunten Murrinen, H 24,5 cm.

DM 1800,– **VASE**

Murano, Klarglas mit weißer Murrine, Goldpulvereinschmelzungen,
Zanfiricodekor und bunten Pulvereinschmelzungen, H 33 cm.

DM 550,– **VASE**

Murano, Glas mit feinen, bunten Blütenmurrinen, H 29 cm.

DM 700,– **VASE**

Murano, Glas mit plastisch aufgeschmolzenen bunten Bändern, H
22,5 cm.

DM 140,– **VASE**

Murano, dickwandiges Klarglas mit
geriffelter Wandung und rotem Unterfang, H 21 cm.
(Metz, Heidelberg, 14.12.96)

DM 785,– **VASE**

„Kantarelli", Iittala, Finnland, 1947,
farbloses Glas mit vertikal geschliffenem Liniendekor, Entwurf Tapio
Wirkkala, sign., H 22 cm.

DM 1000,– **3 ORCHIDEENVASEN**

Kosta Glasbruk, Schweden, um
1955, farbloses Glas mit himbeerro-
tem, smaragdgrünem bzw. kobaltblauem Unterfang und umlaufend
eingearbeitetem, weißem Vertikal-
streifendekor, sign., H 26,7, 29,7
bzw. 33 cm.
(Dorotheum, Wien, 16.4.96)

DM 800,– TASCHENTUCHVASE

„Fazzoletto", Venini, Murano, um 1955, farbloses Glas mit Unterfängen in milchig weißem und hellblauem Glas, Entwurf Fulvio Bianconi, sign., H 22,5 cm.

DM 380,– TASCHENTUCHVASE

Venini, Murano, um 1955, farbloses Glas mit in Zanfiricotechnik genetzten Fäden aus opak weißem Glas, Entwurf Fulvio Bianconi, H 10 cm.

DM 1500,– FLASCHE

Venini, Murano, um 1951-1955, farbloses Glas mit alternierend eingeschmolzenen, vertikalen Stäben in opakem Weiß und Graugrün, Stöpsel aus farblosem und opak weißem Glas, Entwurf Fulvio Bianconi, sign., H 34 cm.
(Dr. Fischer, Heilbronn, 22.3.97)

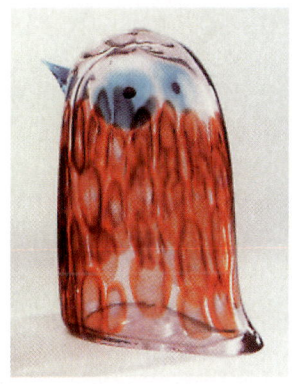

DM 800,– VOGEL

Vetreria Gino Cenedese, Murano, um 1965, hellviolettes Glas mit eingearbeitetem, 4-reihigem Murrinenkranz in Rotorange und Violett, als Augen blauviolette Aufschmelzungen, frei applizierter Schnabel, Entwurf Antonio da Ros, H 19 cm.
(Dr. Fischer, Heilbronn, 23.3.96)

DM 850,– HAHN

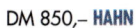

als Figurine, Murano, 20. Jh., farbloses Glas mit polychromen Einschmelzungen, H 29 cm.
(Zeller, Lindau, 6.–7.12.96)

DM 900,– **TELLER**

„A spina", Barovier & Toso, Murano, um 1958, farbloses Glas mit einge-
schmolzenen, violett konturierten Bändern in Grün und Weißopal, Entwurf
Ercole Barovier, Durchm. 26,5 cm.
(Dr. Fischer, Heilbronn, 23.3.96)

DM 900,– **PAAR LEUCHTER**

wohl Murano, farbloses, am Schaft
gelbrot unterfangenes Glas, schwarz
abgesetzt, H 43 cm.
(Dr. Nagel, Stuttgart, 18.4.97)

DM 1000,– **GLASOBJEKT**

Kristian Klepsch, Neuzeug-Sierning, um 1984, farbloses, formgeschmol-
zenes und geschliffenes Glas, poliert und mattiert, tiefgeätzter, partiell aus
Hohlräumen gebildeter, surrealer Dekor, sign., minimal best., H 13 cm
(Dr. Fischer, Heilbronn, 22.3.97)

DM 1000,– LÜSTER

Murano, 20. Jh., 5-armig, farbloses Glas mit rosa Blütenblättern, elektrifiziert, H 70 cm.
(Hampel, München, 12.4.97)

DM 1000,– VASE

„Lynx", Daum Frères, Nancy, um 1970, farbloses Glas mit weißen Pulvereinschmelzungen, modelgeformt, Originaletikett „Cristal Daum", H 27,3 cm.
(Wiener Kunstauktionen, Wien, 27.–28.3.96)

DM 1000,– PAAR POKALE

Venini, Murano, um 1955, (li. und re.)konischer Fuß und glockenförmige Kuppa, farbloses Glas mit grünblauem Dekor aus abwechselnden Streifen, sign., H 16 cm.

SP DM 2400,– LIMONADENSERVICE

Venini, Murano, um 1955, 7-tlg.: bauchige Kanne und 6 Becher, farbloses Glas mit grünblauem Dekor aus abwechselnden Glaspastenstreifen, Becher tlw. mit Etikett, H der Kanne 21,1 cm.
(Schloß Ahlden, Aller, 20.–21.9.96)

DM 1070,– FISCH-GRAAL-VASE

Orrefors Glasbruk, Schweden, 1958, dickwandiges Klarglas mit Fischen und Wasserpflanzen in grünem und braunem Zwischenschichtdekor, Entwurf Edward Hald, sign., Nr. 301 N, H 13,4 cm.

DM 860,– SCHALE

„Colora", Kosta Glasbruk, Schweden, um 1955, farbloses Glas mit dichtem blaubraunem Diagonalstreifendekor zwischen den Schichten, Entwurf Vicke Lindstrand, sign., L 23 cm, H 13,2 cm.

DM 570,– VASE

Nuutajärvi Notsjö, Finnland, 1947, dickwandiges Klarglas mit regelmäßig eingestochenem Luftblasendekor, Entwurf Gunnel Nymann, sign, H 27,7 cm.
(Dorotheum, Wien, 16.4.96)

DM 1140,– VASE

Moser, Karlsbad, um 1974, flachgedrückter Korpus aus farblosem Glas, Vorder- und Rückseite mit eingearbeitetem gelbopalem Fleck, darüber türkisfarbene Bänder, partiell bernsteinfarben überfangen, H 19,9 cm.
(Dorotheum, Wien, 29.10.96)

DM 1140,– VASE

Venini, Murano, um 1956, farbloses Glas mit braunem und blauem Unterfang, Oberfläche in „Incisotechnik" geschnitten, H 16 cm.
(Wiener Kunstauktionen, Wien, 2.–3.10.96)

DM 1140,– VASE

Kosta Glasbruk, Schweden, um
1958-1959, dickwandiges Klarglas
mit schwarz erscheinendem Unterfang und regelmäßig eingestochenen Luftblasen, Entwurf Vicke Lindstrand, Firmenetikett, sign., Nr. LH
1329, H 10,6 cm.

SP DM 1140,– VASE

Kosta Glasbruk, um 1951-1952, farbloses Glas mit mattgeschnittenem
Dekor, Entwurf Vicke Lindstrand,
sign., Nr. LG 134, H 23,4 cm.

DM 1000,– ORREFORS

Glasbruk, Schweden, um 1956, farbloses Glas mit blauem und gelbem
Überfang in Netzstruktur zwischen
den Schichten, Entwurf Sven Palm-
quist, sign., Nr. Pu 3364, H 33,1 cm.
(Dorotheum, Wien, 29.10.96)

DM 1140,– 2 PAPERWEIGHTS

Aureliano Toso, Murano, um 1955,
rotes Glas mit aufgelegter Silberfolie, darüber farblose Glasschicht mit
eingewalzten Glasstäben, Entwurf
Dino Martens, H 12 cm

DM 1140,– VASE

Aureliano Toso, Murano, um 1955,
rotes Glas mit aufgelegter Silberfolie, darüber farblose Trägerschicht
mit eingewalzten Glasstäben, gezwickte Mündung, H 16 cm.
(Wiener Kunstauktionen, Wien,
16.–17.4.97)

SP DM 1200,– PAPERWEIGHT

Kristian Klepsch, Neuzeug-Sierning, 20. Jh., farbloses Glas mit fein her-
ausgearbeiteter afrikanischen Landschaft und Elefanten, monogrammiert
„K.K.9".
(Hampel, München, 6.–7.12.96)

DM 1200,– PAPERWEIGHT

1988, optischer, kreisförmiger Zierschliff, darin Windrose auf taubenblauem Fond, sign. „Trabucco", Durchm. 9 cm.

SP DM 750,– PAPERWEIGHT

Saint-Louis, Frankreich, 1988, grünweißer Blütenigel, wohl eine Dahlie darstellend, mit Jahreszahl und Monogramm „SL" in der Mitte, Durchm. 8 cm.

DM 1100,– PAPERWEIGHT

Saint Louis, Frankreich, 1989, optischer Zierschliff, darin Heckenrose mit Blattwerk auf kobaltblauem Grund, Durchm. 8,5 cm.
(Zeller, Lindau, 8.–11.5.96)

DM 1200,– TELLER

„Tessere ambra", Barovier & Toso, Murano, um 1975, farbloses Glas mit eingeschmolzenen, differenziert angeordneten hellbraunen Bändern, schwarzviolett konturiert, Entwurf Ercole Barovier, sign., Durchm. 37 cm.
(Dr. Fischer, Heilbronn, 19.10.96)

SP DM 1300,–

TRAPEZFÖRMIGES GLAS

mit 12 Personendarstellungen, Kristian Klepsch, Neuzeug-Sierning, 20. Jh., farbloses Glas mit großer Tiefenwirkung, fein herausgearbeitete Personendarstellungen, sign., B 18 cm.
(Hampel, München, 6.–7.12.96)

DM 1380,– SCHALE UND PLATTE

Barovier & Toso, Murano, 1956, Muster „Tessere", Entwurf Ercole Barovier, schachbrettartiges Streifenglas in Braun, Opal und Aubergine, farblos überfangen, sign., H 8,8 bzw. 4,5 cm, Durchm. 20,6 bzw. 33,2 cm. (Ketterer, München, 9.11.96)

DM 1400,– PLASTIK

„Travina", Dalibor Tichy, um 1984, farbloses, grünes und rotviolettes Glas, in die Form gegossen und anschließend durch Ziehen in dünne Glasfasern modelliert, sign., H 26,5 cm. (Dr. Fischer, Heilbronn, 22.3.97)

DM 1400,– VASE

Salviati & Co, Murano, um 1960, farbloses Glas mit opak weißen Teilüberfängen, anschließend farblos überstochen, Entwurf Luciano Gaspari, sign., Klebeetikett, H 30 cm.

DM 1000,– TELLER

„Pezzato", Barovier & Toso, Murano, 1956, farbloses Glas mit opalisierend weißen Einschmelzungen und Luftbläschen, Entwurf Ercole Barovier, Durchm. 33 cm. (Dr. Fischer, Heilbronn, 19.10.96)

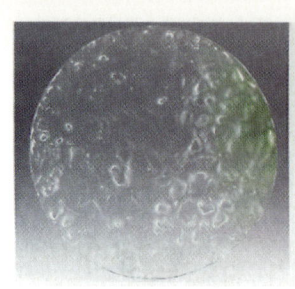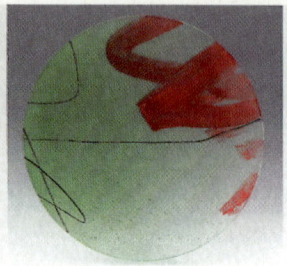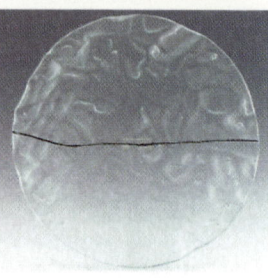

DM 1430,– **3 TELLER**

Fachschule Steinschönau, 1995, farbloses, im Muffelofen in Formen abgesenktes Flachglas, mit Emailfarben bemalt, Entwurf Lenka Venklova, anläßlich des Glaskongresses 1996 mit dem 3. Preis ausgezeichnet, Durchm. 29 bzw. 39. bzw. 50 cm.
(Wiener Kunstauktionen, Wien, 16.–17.4.97)

DM 1430,– **VASE**

„Forata", Venini, Murano, um 1951, blau und grün unterfangenes Glas, sign., H 28,3 cm.

DM 1000,– **VASE**

Vetreria Vistosi, Murano, um 1960, farbloses Glas mit weiß opaler Zwischenschicht und umlaufend eingearbeitetem, rot blauem Murrinenband, altes Klebeetikett, H 35,5 cm.
(Dorotheum, Wien, 16.4.96)

DM 1430,– FAZZOLETTO

Venini, Murano, um 1955, farbloses Glas mit weißem und dunkelrotem Netzdekor sowie rosaroten „Zanfirico"-Stäben im Rapport, mit Ätzstempel, H 21,6 cm.
(Dorotheum, Wien, 29.10.96)

DM 1430,– FAZZOLETTO

Venini, Murano, um 1955, gelbopal getöntes Glas, sign., H 24 cm.

DM 2000,– GLASBLOCK

mit Schwimmerin, Vetreria Gino Cenedese, Murano, um 1950, farbloser, zu einer Welle verzogener Glasblock mit eingeschlossener, schwarz erscheinender Schwimmerin, mit zerplatzter Goldfolie überzogen, mit altem Firmenetikett, L 33 cm, H 12,6 cm.

DM 1285,– PFERD

Murano, um 1940-1960, lila opales sowie schwarzes Glas mit eingearbeiteten Goldfolien, unleserliche Ritzsign., L 42,5 cm, H 33,6 cm.
(Dorotheum, Wien, 16.4.96)

DM 1500,– VASE

Vetreria Gino Cenedese, Murano, um 1960, farbloses Glas mit opak rotem, teilweise violett geädertem Unterfang, als plastisch aufgeschmolzener Dekor stilisierte Pferde, aufgeblasener Goldstaub, irisierte Oberfläche, H 38,5 cm.

DM 3000,– „GIRASOLE"

Fucina degli Angeli, Murano, um 1965, frei geformtes, überfangenes Klar- und Farbglas, zusammen- und aufgeschmolzen, Entwurf Fernand Léger, Klebeetikett und Nr. 11, H 47 cm.
(Dr. Fischer, Heilbronn, 19.10.96)

DM 1600,– **TELLER**

„Incalmo", Venini, Murano, um 1966, zusammengeschmolzenes violettes, farbloses, grünes und rotes Glas, Entwurf Tapio Wirkkala, sign., Klebeetikett, Durchm. 34,5 cm.

DM 1300,– **TELLER**

„Incalma", Venini, Murano, um 1966, zusammengeschmolzenes hellgrünes, bernsteingelbes, violettes und dunkelgrünes Glas, Entwurf Tapio Wirkkala, sign., Klebeetikett, Durchm. 39,5 cm.
(Dr. Fischer, Heilbronn, 19.10.96)

DM 1715,– **2-FLAMMIGE TISCHLAMPE**

Vetreria Gino Cenedese, Murano, um 1950-1960, hochrechteckiger, Glasblock mit 3 bunten Fischen und Seetang zwischen den Schichten, Messingfassung, Elektrifizierung muß erneuert werden, H insges. 57 cm.
(Dorotheum, Wien, 29.10.96)

DM 1715,– **VASE**

„con trina d'argento", A.V.E.M., Murano, 1948, dunkelrot unterfangenes Glas mit vertikal eingearbeiteten weißen Spiralfäden, darüber zwischen den Schichten zerplatzte Silberfolie, die farblose Deckschicht eisglasartig krakeliert, Entwurf Giulio Radi, H 15 cm.
(Dorotheum, Wien, 16.4.96)

DM 1715,– VASE „NEOBULE"

Barovier & Toso, Murano, um 1986, farbiges Glas, weißopal unterfangener Fuß, Wandung im unteren Teil weiß opal, oben schwarz, 2 gedrückte Kugelnodi aus grünem und rotem Glas, darüber eine gelbe Kugel, Entwurf für Memphis, sign., H 52,8 cm.

DM 860,– „HOMMAGE AN DE CHIRICO"

Skulptur aus bernsteinfarbenem Glas, nach dem Gemälde „Die beunruhigenden Musen" von G. de Chirico, bez. und betitelt, Enwurf wohl R. Anotia, H 43,4 cm.
(Dorotheum, Wien, 16.4.96)

DM 1715,– AQUARIUM

Vetreria Gino Cenedese, Murano, um 1950-1960, farbloser Glasblock mit 3 bunten Fischen und Seetang zwischen den Schichten, L 32 cm, H 20 cm.
(Dorotheum, Wien, 29.10.96)

DM 1715,– SCHALE

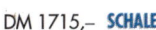

„Intarsio", Barovier & Toso, Murano, um 1961-1963, rauchgrau getöntes Glas mit konzentrisch eingearbeitetem rotem Muster, Entwurf Ercole Barovier, Durchm. 29 cm.
(Dorotheum, Wien, 29.10.96)

DM 1800,– **VOGEL**

„Pulcino", Vetreria Vistosi, Murano, 1962, grünes Glas mit eingeschmolzenen Murrinen, als Augen applizierte Murrinen, Füße aus Kupferdraht,
Entwurf Alessandro Pianon, Füße besch., H 30 cm.

DM 2000,– **VOGEL**

„Pulcino", Vetreria Vistosi, Murano, 1962, orangefarbenes Glas mit pla-
stisch aufgeschmolzenen, roten Kröseln, applizierte Murrinen als Augen,
Füße aus Kupferdraht, Entwurf Alessandro Pianon, H 22 cm.
(Dr. Fischer, Heilbronn, 22.3.97)

DM 2000,– **PLASTIK**

Vera Liskova, 1984, frei ausgebla-
senes, farbloses Glas, in einzelnen
Teilen modelgeformt und zusammengefügt, sign., L 50 cm.
(Wiener   Kunstauktionen,   Wien,
16.–17.4.97)

DM 2070,– **FLASCHENGEFÄSS**

Venini, Murano, 1951-1955, schlanke Keulenform, Kugelstopfen mit Schei-
benabschluß, Entwurf Fulvio Bianconi und Paolo Venini, himbeerrotes und
opakviolettes Glas in Vertikalstreifen verschmolzen, bez. „venini murano
ITALIA", H 48 cm.

DM 2530,-, **FLASCHENGEFÄSS**

Venini, Murano, um 1956, „vetro a doppio incalmo", petrolgrün getöntes
Glas mit Streifen aus farblosem Glas mit dicht eingeschmolzenen opak-
roten Fäden, bez. „venini murano", mit Original-Firmenetikett, H 38,5 cm.
(Ketterer, München, 9.11.96)

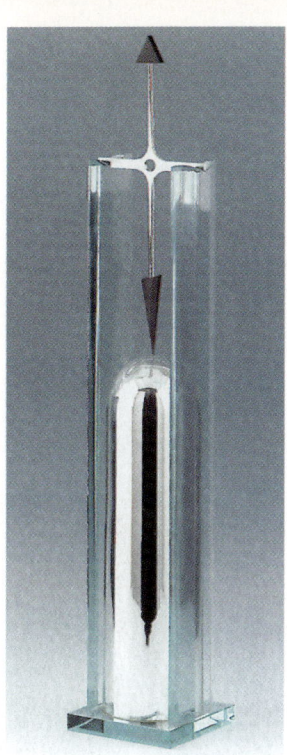

DM 2285,– **„PENDEL"**
Fachschule Steinschönau, 1996, geschliffenes Glas mit Zylinder aus Spiegelglas und einem Metallpendel, Entwurf Jiri Havlicek, wurde anläßlich des Glaskongresses 1996 mit dem 2. Preis ausgezeichnet, H 72 cm.
(Wiener Kunstauktionen, Wien, 16.–17.4.97)

DM 2285,– **VASE**
Murano, um 1960, farbloses Glas z.T. blau gefärbt und ziegelrot unterfangen, eingeschnürter Körper, ziegelroter Abschlußrand, Etikett „AT-MURANO", H 15,7 cm.
(Wiener Kunstauktionen, Wien, 2.–3.10.96)

DM 2430,– **TROPFEN**
Jörg F. Zimmermann, 1985-1986, purpurrotes und bernsteinfarbenes Glas, durch ein Drahtgitter frei ausgeblasen und geformt, sign., H 22 cm.
(Wiener Kunstauktionen, Wien, 16.–17.4.97)

SP DM 2500,– **PAPERWEIGHT**
Saint-Louis, Frankreich, 1978, optische Einblicke, 2-fach in Weiß und Rot überfangen, mittig auf weißen Latticinostäben ein bunter Blumenstrauß, Durchm. 11 cm.
(Zeller, Lindau, 8.–11.5.96)

DM 2700,– **VASE**
„Ariel", Orrefors Glasbruk, Schweden, um 1985, farbloses Glas mit blauem Überfang, in kalter Technik zwischen den Schichten dekoriert, Gondoliere mit Mädchen im Profil, Entwurf Edvin Öhrström, sign., H 16,5 cm.
(Dr. Fischer, Heilbronn, 22.3.97)

Je DM 2855,– **2 VASEN**
Aureliano Toso, Murano, um 1955, rotes bzw. blaues Glas mit aufgelegter Silberfolie, darüber farblose Trägerschicht mit eingewalzten Glasstäben, Mündung 2-fach gezwickt, Entwurf Dino Martens, H 20 cm.
(Wiener Kunstauktionen, Wien, 2.–3.10.96)

DM 2900,– SANDUHR
....
Saint-Louis, Frankreich, 1980, oben und unten mit reichem Millefioridekor, Wandung der Sanduhr mit spiralförmig angeordneten Latticinostäben, limitierte Auflage (nur 360 Stück), H 17,5 cm.
(Zeller, Lindau, 8.–11.5.96)

DM 3000,– PLASTIK „POISSON MALEBRANCHE"
....
Cristallerie Daum, Nancy, um 1970, grünes und farbloses, blasiges Pâte-de-Verre-Glas, partiell formgeschmolzen, geschliffen und poliert, Entwurf Salvador Dali, sign., H 43,5 cm.
(Dr. Fischer, Heilbronn, 19.10.96)

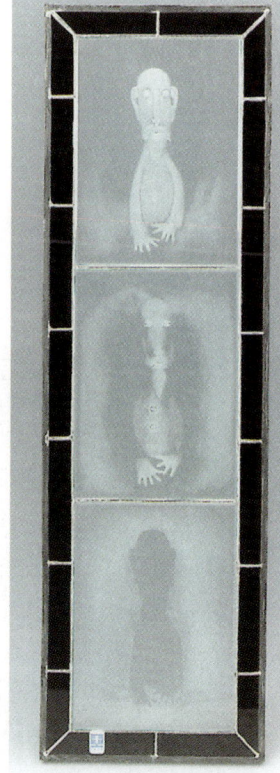

DM 3140,– „DAS VERGEHENDE LEBEN"
....
Fachschule Steinschönau, 1996, Vitraille, graviertes Glas mit 3 verschiedenen Motiven in Bleirutenfassung, erhielt anläßlich des Glaskongresses 1996 den 1. Preis, Entwurf Kamila Prokopova, 18 x 58,5 cm.
(Wiener Kunstauktionen, Wien, 16.–17.4.97)

DM 4000,– VASE

Vetreria Gino Cenedese, Murano, um 1955, rauchgraues Glas mit Aufschmelzungen in Schwarzviolett, Blau und Rot, irisiert, H 48,5 cm.

DM 3000,– VASE „TRE OCCHI"

Fucina degli Angeli, Murano, um 1960, verlaufend blau unterfangenes Glas mit plastischen Aufschmelzungen in Blau und Bernsteingelb, partiell irisiert, Entwurf Jean Cocteau, H 36 cm.
(Dr. Fischer, Heilbronn, 19.10.96)

DM 4000,– BECHERVASE

Venini, Murano, um 1950, konische Wandung mit 3-seitig aufgetriebener Mündung, farbloses, blaues und rubinrotes aneinander geschmolzenes Glas, Abrißnarbe, Entwurf Fulvio Bianconi, H 23 cm.

SP DM 1200,– COGNACSCHWENKER

Venini, Murano, um 1955, kugelige Kuppa auf rubinrotem Schaft und Fuß, farbloses, blaues und grünes Glas mit aufgeschmolzenem Streifendekor in 2-fachem Rapport, Originalklebeetikett, H 13 cm.

DM 2600,– FLASCHENVASE

Venini, Murano, um 1955, zylindrische Wandung, kobaltblaues Glas von 3 opakweißen, ochsenblutrot überfangenen Glasstreifen umzogen, sign., H 29,5 cm.
(Schloß Ahlden, Aller, 20.–21.9.96)

DM 4000,– VASE „TESUTO"

Venini, Murano, um 1950, farbloses Glas mit aufgeschmolzenen, eng aneinadergelegten Glasfäden, farblos überstochen, Entwurf Carlo Scarpa, H 15,5 cm.

DM 5430,– VASE „MURRINE SPIRALE"

Ermanno Toso, Murano, 1956, Spiralen aus opakem, braunem und schwarzem Kupferrubinglas in Murrinetechnik, H 15,5 cm.
(Wiener Kunstauktionen, Wien, 2.–3.10.96)

SP DM 4300,– VASE

„mezza filigrana bianca nera", Fratelli Toso, Murano, um 1954, farbloses Glas mit eingearbeiteten weißen und schwarzvioletten Stäben und Aventurin, H 21 cm.

DM 1650,– VASE „ARIEL"

Orrefors Glasbruk, Schweden, 1951, farbloses Glas mit blauem Überfang zwischen den Schichten, eingeschlossener Rippendekor, Entwurf Edvin Öhrström, sign., H 9,8 cm.

DM 4800,– VASE „ORIENTE"

Fratelli Toso, Murano, 1954, farbloses Glas mit Zwischenschichtdekor, darin weiße Murrine, Zanfiricodekor und bunten Pulvereinschmelzungen, Entwurf Dino Martens, minimal best., H 17,5 cm. (Dr. Fischer, Heilbronn, 22.3.97)

DM 5430,– VASE

„Macchine ambra verde", Archimede Seguso, Murano, 1952, farbloses Glas mit eingeschmolzenem Blattgold und grünen und braunen Glasflecken, Originaletikett „MADE IN MURANO. ITALY" und Reste des Etiketts „ARCHIMEDE SEGUSO", H 25,5 cm. (Wiener Kunstauktionen, Wien, 2.–3.10.96)

DM 6000,– FLAKON

Barovier & Toso, Murano, um 1960, farbloses Glas mit eingeschmolzenen bunten Bändern und Fäden, Stöpsel aus rubinrotem Glas, Entwurf Christian Dior, H 23,5 cm.

DM 4000,– VASE „MILLEPUNTI"

Fratelli Toso, Murano, um 1960-1970, farbloses Glas mit flächenfüllend eingeschmolzenen bunten, rotkonturierten Murrinen, Entwurf Ermanno Toso, H 26 cm. (Dr. Fischer, Heilbronn, 19.10.96)

DM 6500,– **FAUN**

Fucina degli Angeli, Murano, 1957, blaues, in die Form geschmolzenes Glas, Entwurf Pablo Picasso, sign., H 22,5 cm.
(Dr. Fischer, Heilbronn, 23.3.96)

SP DM 7000,– **FUSS–SCHALE**

Kristian Klepsch, Neuzeug-Sierning, 20. Jh., hohl geblasener, innen blau überfangener Fuß mit aufgesetzter Schale, geschnittene Darstellung von Männern und Schlangen im All, sign., H 40 cm, Durchm. 39 cm.
(Hampel, München, 6.–7.12.96)

DM 7860,– **VASE „ORIENTE"**

Vetreria Aureliano Toso, um 1952, dickwandiges Klarglas mit eingearbeiteten bunten Flecken, großem Stern sowie weißem und gelbem Netzglas, Enwurf Dino Martens, H 31,5 cm.
(Dorotheum, Wien, 16.4.96)

DM 8000,– **VASE**
....
„a fasce verticali", Venini, Murano, 1952, farbloses Glas mit eingeschmolzenen vertikalen Bändern in Blau, Grün, Rot und Hellbraun, Entwurf
Fulvio Bianconi, sign., H 23,5 cm.
(Dr. Fischer, Heilbronn, 22.3.97)

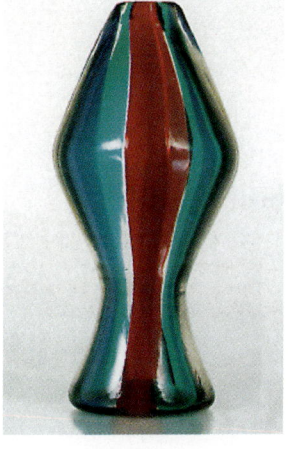

DM 8500,– **ZIERVASE**
....
Venini, Murano, um 1950, farbloses Glas mit eingeschmolzenen, vertika-
len Glasstreifen in Grün, Blau und Rubinrot, Entwurf Fulvio Bianconi, sign.,
H 36 cm.
(Schloß Ahlden, Aller, 20.–21.9.96)

DM 10.000,– **VASE**
....
Ermanno Toso, Murano, um 1960, verschiedenfarbiges Glas in Murrinen-
technik zu Sternenblüten zusammengesetzt, H 30 cm.
(Wiener Kunstauktionen, Wien, 2.–3.10.96)

DM 10.500,– **VASE**

„Murrine Terrazzo", Fratelli Toso, Murano, um 1955-1960, farbloses Glas mit eingeschmolzenen Murrinen in Weiß, Türkisblau und Schwarzviolett, Entwurf Ermanno Toso, H 25 cm.
(Dr. Fischer, Heilbronn, 22.3.97)

DM 11.500,– **VASE**

Aureliano Toso, Murano, um 1950, farbloses Glas mit buntem Zwischenschichtdekor aus bunten, zusammengesetzten Farbfeldern und Pulvereinschmelzungen, Entwurf Dino Martens, H 28 cm.
(Dr. Nagel, Stuttgart, 21.–22.6.96)

DM 14.000,– **VASE**

„Murrine Kiku", Fratelli Toso, Murano, um 1955-1960, farbloses Glas mit aufgeschmolzenen Murrinen in Weiß, Orange und Violett, Entwurf Ermanno Toso, H 20,5 cm.
(Dr. Fischer, Heilbronn, 22.3.97)

DM 14.000,– **DISKUSWERFER**

Salviati & Co, Murano, um 1970, zusammengeschmolzenes und frei geformtes Klar- und Farbglas, sign., H 48 cm.

SP DM 1600,– **DOSE**

Salviati & Co, Murano, um 1965, farbloses Glas mit plastisch aufgelegten,
wulstartigen Bändern in Urangrün und Kobaltblau, Entwurf Luciano Gaspari, sign., H 16 cm.
(Dr. Fischer, Heilbronn, 22.3.97)

DM 23.000,– **VASE**

„Cerchi Concatenati", Fratelli Toso,
Murano, um 1955-1960, farbloses
Glas mit Metalloxydaufschmelzun-
gen, auf schwarzgrauem, metallisiert
schimmerndem „Neroxfond" eingeschmolzene, miteinander verkettete
bunte Ringe, Entwurf Ermanno Toso,
Originalklebeetikett, H 34 cm.
(Dr. Fischer, Heilbronn, 23.3.96)

DM 33.000,– **VASE „STELLATO"**

Fratelli Toso, Murano, um 1955, farbloses Glas mit eingeschmolzenen,
sternförmigen, bunten Murrinen, Entwurf Ermanno Toso, Originalklebeetikett, H 35,5 cm.
(Dr. Fischer, Heilbronn, 22.3.97)

STICHWORTVERZEICHNIS

WIENER
KUNST
AUKTIONEN

Anton Kothgasser
„Nachtglas", Ranftbecher
Wien, um 1825
Meistbot DM 45.700

Johann Joseph Mildner
Monogrammbecher
Gutenbrunn, 1807
Meistbot DM 40.000

Gotllob Mohn
Wildensteiner Pokal
Wien, um 1815/1820
Meistbot DM 54.300

Karl Pfohl
Pokal „Kaiserin Elisabeth"
Steinschönau, um 1855
Meistbot DM 42.800

Für unsere Kunstauktionen im März, Juni, September und Dezember
übernehmen wir hochwertige Gläser und Sammlungen

WIENER KUNST AUKTIONEN GMBH
A-1010 Wien · Kärntner Ring 5–7 · Tel. (00431) 512 45 40 · Fax (00431) 512 45 409